日本居住福祉学会

居住福祉ブックレット

8

居住福祉法学の構想

吉田邦彦

Yoshida, Kunihiko

東信堂

はじめに

比較的最近、「現代生活民法」というタイトルの北海道大学法科大学院の先端講義の一環として、「居住福祉法学の構想」というテーマで話す機会があった。それを契機に出来上がったのが本書である。「居住福祉法学」とは、早川和男教授を中心として、わが国で起こりつつある「居住福祉学」に私自身共鳴し、それを法学、とくに民法学の側から位置づけてみたいという試みである。

従来、民法学においては、住宅法などといわれることが通常であったように、居住問題全般にわたるものではなく、まずは借地借家問題であり、また近年は、マンション（区分所有法）に関する紛争事例が増えている。さらに、欠陥住宅問題などは、売買法や建設請負契約法の中の瑕疵担保の問題というように、ばらばらに扱われてきた。

しかし、①ここでは、今日の居住に関わる問題状況をしっかり見据えて、それに対する総論的問題視角――それは、「居住福祉」という問題視角である――をもう一度はっきりさせてみたい。従来、借地借家における賃借人の保護という問題意識にもコンセンサスがあったようだが、近年は立法動向の紹介はなされても、論者の問題意識がよくわからないことも多いからである。

②その際に、ともすると「現場の問題状況」を忘れがちになるという今日の民法学への危機意識と反省から、ここ数年、日本居住福祉学会での現地研修会や科学研究費のプロジェクトとして、私自身できる限り積極的にフィールドワークを行い、従来の講学上の枠組みに捉われずに、居住現場における切実な法的問題を汲み取り、そこから帰納していく手法を織り交ぜた。

③さらに、外延も従来の住宅法のイメージよりも広い。「居住生活」をトータルに捉えたく、居住を中心に、雇用、教育、消費、医療福祉などのあり方も連続的に睨んでいる。

④分野的には、従来契約法の問題として扱われているが、本書では、より広く、居住・住宅に関わる所有レジームのあり方（とくにそれを巡る公的支援のあり方）として再構成したいし、その関連分野である都市問題、地方自治の問題にもメスを入れていくのが不可欠であるという問題意識がある。

いきなりやや専門的な語り口になってしまったが、本書を読まれるうちに、このような私の問題意識の具体的中身をアクチュアルな形で理解してくださることを願っている。

二〇〇六年五月
リラ冷えの札幌にて

吉田　邦彦

目　次／居住福祉法学の構想

居住福祉法学の構想

一、総論──「居住福祉法学」の問題意識

1 基本命題

居住福祉学が投げかける問題意識はかんたんである。それは、「安心・安全な居住の確保は、医療・福祉の充実と密接な関わりをなす（その条件整備である）生存の基盤であるし、その意味で、シビルミニマムとしての居住ができることは基本的人権であるにもかかわらず、従来諸外国と比してもわが国では、居住の公的支援を図るという発想が希薄である」というものである。これだけ聞くと、「当たり前」のことではないかと思われる読者が多いことと思うが、山のように沢山の

法学者・法実務家がいても、実はそうではなく、こうした基本的なことについてポッカリ穴が空いたままである。むしろ近年事態は悪化しているといってもよい。基本的な問題ほど手がつけられないままでいるということはしばしばあることだが、「居住福祉法学」もその良い例である。一般論だけではわかりにくいであろうから、まず具体的に見てみよう。

2 様々な具体例から

すなわち、居住福祉法学の欠落の具体的表れは実に多くある。

まず、①阪神・淡路大震災の犠牲者の多くは住宅災害だといわれる。その後の対応としても、コミュニティは破壊され(例えば、神戸市長田地区の高層の復興ビルの林立の反面で進む従来の下町的コミュニティの崩壊)、今でも辺境に建てられた高層の震災復興住宅での「孤独死」は絶えない。

②コンサルタント・業者が絡むマンション災害も深刻である。最近の耐震偽装マンション問題もその一例であり、また状況は逆であるが、被災マンションは、補修で足りるのに多くは取壊され建て直された。その裏には、「公費解体」という言葉に示されるように、修繕よりも解体のほうに公的支援が厚く、また、修繕で足りるのに、解体・建替えが必要であるという不正確な情報で

不安をあおり、建替えが促されたという事情があることが指摘されている。ここでも被害者（被災者）は、多重ローンを抱えて泣かされるという構図は偽装マンションの例と同じである。さらに、リフォーム詐欺をはじめとする欠陥住宅問題も数限りなくあるといってよい。

③また、日本居住福祉学会は、ホームレス問題も大きな課題として、大阪釜ヶ崎での現地研修会でホームレスの人びととの対話集会も企画した。しかし、ホームレス人口は近時増える一方で、近隣住民との公共空間を巡る緊張関係は高まるばかりなのだ。最近では、大阪市西区靱《うつぼ》公園、中央区大阪城公園におけるホームレスの青テント撤去の行政代執行がなされた（二〇〇六年一月末）。「テントは景観を損ない、周辺住民に不快感を与え、公園整備の支障となっている」とは、関大阪市長の弁である。それなのに、公共住宅は減らされる一途である。公共空間の利用のあり方、ホームレスの社会的受容のあり方、さらには、抜本的原因解決のための、雇用対策、低所得者住宅対策、家庭内暴力問題などに対する真摯で前向きな公的施策が打ち出されないのは、居住福祉法学的感度の弱さを示していないだろうか。

④さらに、近年は、地球温暖化のせいか、とくに二〇〇四年は自然災害年ともいうべき年で、台風被害も相次いだ。しかし、震災・自然災害による住宅被害に関する補償はなされないのが原則である（例外的取組みは、二〇〇〇年一〇月の鳥取西部地震における片山善博知事による三〇〇万円

の住宅補償くらいである)。激甚法など震災に対しては特別予算が組まれる。阪神・淡路大震災においても一〇兆ものお金が流れたといわれる。しかし、住宅・居住の補償にまわされるということが原則としてなかったのは、わが国に居住福祉的発想がないことの象徴的事実であろう。そして、他方で土建国家的体質は少しも改まらず、どれだけ必要性があるのか怪しまれる神戸空港などに巨額が投じられているのを見ていると、何に公共的支援がなされるべきか、そこにおいて居住問題はどう位置づけられるのか、についてこの国では真摯に議論されていないと痛感させられる。

⑤中山間地の居住問題も深刻である。「地方分権」というお題目は聞こえが良いが、それは多義的であって、実はA・トックビル的な本来の草の根の地方自治に反すること、すなわち、合併特例債による地方交付税措置をえさにして、本来の地方自治を支える身近な地方自治体をリストラすることが音を立てて進んでいる。こうした財政措置は、地域格差の是正の財政調整という本来のものではなく、箱物作りの公共工事的体質の表れである。つまり、近年行われつつある平成の大合併により、基礎自治体が統廃合されて、居住福祉が潰され、住めなくなっているところが多い。過疎高齢化は一層進行する。これは、従来の講学上は、行政学辺りで扱われてきたことかもしれないが、日本社会を支える所有レジーム、中山間地にどのように公共的支援をしていくべきか、財の再配分により私的所有制をどのように矯正していくかというように考えると、れっきと

した民法の問題であり、従来農業法などが民法学者を中心に研究されてきたこともそれを物語るし、何よりもそれは居住福祉法学の外郭をなす重要問題なのである。

⑥高齢者や在日外国人に対する居住差別問題もある。最初に触れたホームレス問題にも関わるが、公式の権限のない都市生活者いわゆる「不法占拠者」に、どのような居住権限を与えて生活を安定させるか――その意味で、従来の取得時効法をどのように所有権限再分配のメカニズムとして再構成していくか――は、第三世界の経済政策の大きな課題ともなっている全世界的課題なのであるが、従来の民法学ではあまり光が当てられていない。

⑦また、環境法学というと、すぐに別分野ということになりそうであるが、四大公害問題を想起すればわかるように、居住福祉問題と連続的である。一時よりも問題は沈静化したなどといわれるが、実は今なお深刻な環境問題が眠っている良い例としてアスベスト問題がある。尼崎クボタ旧神崎工場の界隈を歩いて、近隣住民をアンケートしてみると、いつ中皮腫の発病に悩まされるかもしれないという不安に苛まれて生活していることがわかる。

このような具体例は枚挙にいとまなく挙げられる。それらは自分には関わりのない特殊例だと思われている読者には、こう聞いてみたい。では皆さんは、自身の住宅・居住として連想されるものは何であろうか。わが国での住宅の通常のイメージは、「ウサギ小屋」「マンション砂漠」「通勤地獄」「住宅ローンによる家計の圧迫」「在宅介護もままならない住環境」などではないであろうか。

しかし、これらはすべて見事なまでに公共的住宅政策の不在の帰結なのである。だが、どうして居住問題は、従来「個人の甲斐性」の問題として、つまり私的所有権の問題に追い遣って、公的支援から排斥されるのか。こうした事態にもっと批判が出てきておかしくないだろう。

第一に、多くの市民が多額の住宅ローンなり、高額な賃料なりを抱え込む社会（つまり住宅費が家計に占める割合がかくも高い社会）で、果たして「豊かな社会」といえるのか、率直な再検討が必要で、市民生活のインフラ整備としての住宅支援が真摯に取り込まれるべきであろう。これは古くて新しい問題である。

また第二に、例えば、ホームレス問題が深刻になってくると具体的に明らかになってくることだが、住宅支援にかかる公費は、ホームレスの人びとの健康被害による緊急医療費にかかる費用よりもはるかに安価である。従って、社会の効率性という見地からももっと居住に社会的支援がなされることは正当化される。

さらに第三に、居住の本拠が信用担保の対象となり、その反面で、取引に失敗し左前になると、住居が差し押さえられ、売り飛ばされるということになる。このことについては、確立した取引社会の常識といわれるかもしれないが、この点は、アメリカなどではそうではなく、倒産法上の大きな政策課題となっている。しかし、こうした倒産現象から居住生活を守れないレジームは、公共住宅の払底と合わさると、「スーツホームレス」という言葉にも示されるように、経済破綻によってたやすく路頭に迷う者を産むことになる。しかしこうした民事法の設計が良いのかどうか、もう一度素朴に反省してみることが求められているといえないだろうか。わが国でも、居住福祉との関係で、「差押え禁止財産制度」の制度趣旨の再考が求められていると思われる。

3　考察対象の拡充の必要性

従来の民法学では、住宅法というと借地借家法に議論は集中していたが、かつての「正当事由」論などが当時の社会的要請に対応していたことは認めるものの、今日それだけでは一面的である。マンションの問題がかつてとは比較にならないくらいに重要になっているし、しかも居住をもっとトータルに捉える必要がある。

すなわち、「住宅」というハード面だけをいうのではなく、「生業（雇用）の確保」「居住コミュニティ」「消費生活」「教育施設」「交通機関」「医療福祉」などを総合的に考えるべきだろう。その点、アメリカにおける都市貧困地区のコミュニティ再生運動に関する議論などは参考になる。こうなると、都市法とか地方自治法なども扱わなくてはならないことがわかる。

4 居住福祉法学の構成要素・関連問題

(1) 住居における公共問題、ロールズの格差原理、政府の役割

背景をなす問題としては、「社会問題における公私の分担のあり方」を、とくに居住について見つめ直すということである。つまり、わが国では、「公」「私」の両者がスッパリ分かれ、「公」の領域が狭く、公園・道路・公衆便所などになってしまうのがおかしい。従来、一般市民（私人）の居住の問題は、「私」の問題にされてしまうことにも反省が必要であるということになる。その際に参考になるのは、「ロールズの正義論の格差原理」である。これは、「無知のヴェール」に包まれた「原初状態」におかれたという思考実験を通じて――つまり、各人がどんな境遇におかれるかもしれない。例えば、震災に遭遇するかも知れず、また、ホームレスになるかも知れず、さらには、障害者であるかもしれないと仮定して――どのような公共的社会的政策決定が合理的か、を考察したもので、ロールズの正義論の第二原理であるが、そこでは、「最低の境遇におかれたも

のの利益が最大化されるように処遇する」とされている（ちなみに、第一原理は、各人の自由で平等な権利の尊重である）。そして、この格差原理といわれる第二原理を居住問題に応用すれば、ナショナルミニマム的な居住の確保が正義論の要請として求められることになり、そのような施策を展開するのが行政の役割ということになる。例えば、阪神大震災や新潟中越地震に見舞われた被災者に多くの義捐金が集まることは、税金についても被災者の居住生活支援に使われることを多くの納税者が志向することを窺わせる。しかし現実にはそうなっていない。最低限のライフラインとしての公共工事は重要だが、例えば、新潟中越震災のときにも、新潟新幹線の復旧のことばかり取り上げ、被災者の生活現場が霞んでしまいそうなマスコミ報道に不可解なものを感じたのは私だけであろうか。

従って、私は、いわゆる「大きな政府」志向である。つまり、これは、「個人主義と社会連帯（共同体主義）との折り合いのつけ方という社会編成原理」の問題を扱っていることにもなる。この点で、「居住福祉法学」の視座は、後者（社会連帯）を重視し、社会的居住弱者の保護に意を払うことになるわけである。なお、「大きな政府」論は、最近の新自由主義的な規則緩和論の流行に反する「反時代的」（K・レーヴィットの言葉）なスタンスだが、異端的なものではなく、むしろ従来の平等主義的な日本型政治の伝統の意義の再考を促すものである。そして、こと居住問題に関しては、それが福祉の基盤をなすにもかかわらず、従来においてもその公共的意義が閉却され、市場原理にゆだねられすぎていたと見るのが、本書の立場なのである。

(2) 居住の公共的支援の理由——商品化の限界、中山間地居住の公共性、所得再配分の必要性

これを換言すれば、居住を巡る所有権の問題は単なる私的所有権（民法二〇六条）だけに還元できず、それを公的に支えていく発想は比較法的に見ても従来のわが国では弱いのが問題であり、その公共的支援の視角は様々な意味で不可欠であるというのが、居住福祉法学を語る際の基本的視角である。それは、(a)住居だけでなく、(b)居住を取り巻く様々な便宜の提供、例えば、都市・農村生活のサービス提供としての公共交通機関や、公共教育システム、電信電話・ネットワークサービス、水道・ガス・下水・ごみ処理などの公共的意義の再検討ということに繋がる。これは、「公共サービスと商品化の問題」ということになり、安易にそれを市場化する（競争的に民営化する）ことに対する批判的視座を与えることになる（G・フルッグ教授の指摘）。

さらに考えると、中山間地の居住福祉を扱うに際しては、(c)中山間地の景観・国土保全・食糧供給・保養（精神的癒し）の面からの公共的価値に眼を向けるということが基礎にあることを逸してはならない。これは、「富（財）の再配分と地方自治のあり方」という視角に繋がるが、近年の

地方分権論の動向を見ていると、その謳い文句とされる「三位一体の分権改革」(補助金、地方交付税改革、税源移譲)は、地域間の所得再分配の面からいえば、再分配に消極的な、地方財政面に関する新自由主義的な規制緩和・小さな政府志向が表れている。そしてその結果、合併の荒波も相まって、基礎自治体の職員のリストラは進み、地域間格差(いわゆる地方の切捨て)が進行することが予想されるだけに、過疎地・中山間地の居住の公共的価値に眼を向けることは、その対抗的視角として極めて重要である。

(3) 居住福祉法学の担い手

居住福祉法学の担い手の問題に移ると、まず、社会的弱者問題に敏感な「公共利益法律家(public interest lawyers)」の役割の意義を指摘しておこう。アメリカでは、この点で、各ロースクールが低所得者支援に重要な役割を担っていることが注目される(例えば、ハーバード・ロースクールの場合には、ヘール&ドール法支援センター)。しかし、わが国では法科大学院の発足という形で、近時アメリカの状況を一見追いかけることになっているものの、現実は日米のロースクールは大きく異なっており、残念なことに日本では平易化・予備校化ばかりが浮き出て、社会的問題関心が希薄で受験技術だけに長けた視野狭窄な法律家が量産されていきそうだ。将来が気がかりである。

次に注目しておきたいのは、この分野での非営利団体の役割である。この点で、アメリカ合衆国では、近時「コミュニティ再生団体（Community Development Corporation[CDC]）」といわれる非営利団体の活動が目覚ましく、大都市の貧困地区の居住福祉の充実に重要な役割を演じている（例えば、ボストンにおける「ダドリー通り近隣イニシアティブ」（Dudley Street Neighborhood Initiative[DSNI]）、サンフランシスコにおける「テンダロイン地区再生団体（Tenderloin Neighborhood Development Corporation[TNDC]）」、またニューヨークにおける「コモングラウンドコミュニティ（Common Ground Community）」の取組み（最後の団体は、大阪釜ヶ崎のサポーティブハウジングの動きとも交流がある））。

ここで強調しておきたい非営利団体の意義として、第一に、団体財産を媒介させることにより、安価な住宅を提供し、個人財産の蓄積・譲渡を抑制するという住宅所有法上の所得再分配的・平等主義的な転回の意義を有していることである（サイモン教授の指摘に負うところが多い）。つまりその場合、例えば、団体を離脱する際の構成員に対しては、先買権が団体に認められたり、不分割財産が認められたりする。

第二に、そのことも関係して、住民の地域への参加が促され、コミュニティにおける地域政治（デモクラシー）推進上の意義もある点である。法制的に不分割財産を認めるイタリアなどで、そうした団体が基礎になり草の根のデモクラシーが醸成されている（R・パトナム教授の研究）ことも興味深いことである。この点で、日本でも最近は指定管理者制度などという形で、かつての公共サービス（高齢者へのサービス、保育サービスなど）が非営利団体（例えば、日本労働者協同組合）にシフトされていて注目される。その活躍は大いに期待されるところだが、諸外国とは出所が違っていて、わが国の場合には「小さな政府」志向からのアウトソーシング（民間への外部委託）なのである。

ここで、第三に指摘しておきたいのは、アメリカなどでは、非営利団体への寄付の優遇税制とともに、補助金の受け皿としての側面が重要であり充実していることである。わが国の非営利団体研究では、未だこの点の議論が抜け落ちていることはある意味で象徴的である。すなわち、居住福祉の担い手の団体の公共性に鑑みて、それを公共的に支援するという居住福祉法学の視点が必要なのであるが、ここでもわが国ではそうした発想が弱いことを示しているように思われてならず、早急の再検討が求められる。

コモングラウンドにより改修された低所得者等に提供されている
タイムズスクエアホテル(ニューヨーク市８番街43丁目。1922年建築)

TNDCにより提供されている低所得者住宅の数々
(サンフランシスコ市テンダロイン地区)

二、借地借家問題（各論その一）

前章に述べた総論的問題意識をアクチュアルにつかむために、本章からは、具体的問題群に対する「居住福祉法学」の側からの分析を示すことで帰納的・具体的に論じていくことにしよう。まずは借地借家問題であるが、これはかつての契約法学の「看板問題」であり、従来のほとんどの民法の書物には論じられているので、ここでは重複を避けて、その梗概を本書の視点から述べておくにとどめたい。

1　日本の借地問題の特殊性

まず、不動産を土地・家屋に分けるのは、日本特殊の法制であって、だから借地の問題が出て、法律関係が複雑になるが、これは基本的にわが国特殊の問題であることを押さえておきたい。借地は、都市化の進行とともになくなるはずのものであるが(瀬川教授の指摘)、今でもかなり残っているところがあり(米子、函館など)、商店街の活性化の妨げとなっている。具体的には空き店舗の再利用の障害になる。

すなわち、後述する地方都市中心市街地の空洞化の問題は、全国的に深刻な現象だが、例えば、二〇〇五年一一月には、まちなおしフォーラムも行われている米子市の「田園プロジェクト」では、高齢者福祉と掛け合わせる形で、部分的にシャッター通りを再生させる貴重な取組みがなされているが、その際の障害になっている法的インフラとして、同都市における借地の多さが挙げられる。それゆえに、借地人自己所有の空き店舗の賃貸と土地の転借についての地主の承諾の問題や、地代価格の店舗賃貸料への反映などの問題が出てくるのだ。また、江戸時代の税制である「軒間銀」という家の間口の広さを尺度に納税させるシステムゆえに、「うなぎの寝床」のような使い勝手の悪い町屋構造も障害要因として指摘されている。

借地が多い米子中心市街地・元町サンロード（シャッター通りが多い）

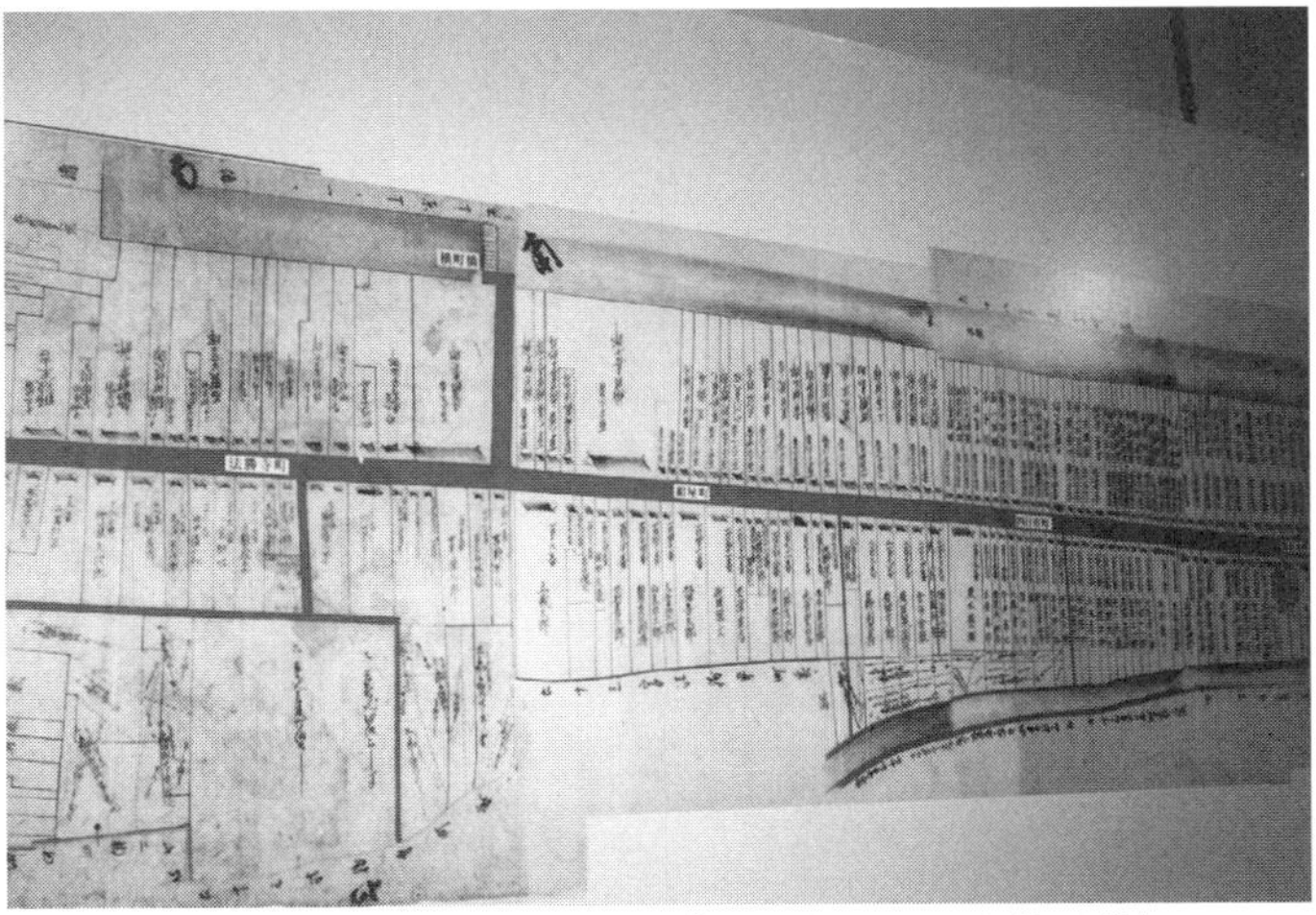

米子の細長い町人家屋図面（米子市郷土歴史館所蔵）

2 従来の借地借家法制における居住者保護のポイントとその限界、変容

(1) 従来の賃借人保護の二本柱とその崩壊

賃借権の強化の二本柱は、①賃借権の対抗力(建物保護法一条・一九〇九年、借家法一条一項・一九二一年、現借地借家法一〇条、三一条)と②「正当事由」による継続性保障(一九四一年改正による借家法一条ノ二、借地法四条一項、六条一項、現借地借家法六条、二八条)であった。①は、土地及び家屋の所有者の変更に伴う新所有者への賃借権の主張(それを対抗力という)ができるかという問題であり、民法が予定していた賃借権の登記(民法六〇五条)が賃借人だけではできないことに実務が確立し、より簡易で賃借人の一存でできる方法が特別法で定められたわけである。それ以前は、賃料を吊り上げることを目的に所有権移転がなされ、「そうしないとお前には対抗力がないから退去せよ」という「地震売買」といわれることもなされた。また、②は、賃貸人側の自己使用の必要性などの「正当事由」がないと、解約や期間満了による契約終了(更新拒絶)はできないという制度であり、戦中以来の判例実務は、これを限定解釈して、賃貸人・賃借人双方の利益を考量して、字句通りの賃貸人の「自己使用の必要性」だけでは足りないとされたことが重要である。そのために、正当事由を具備させるために、立退料の支払いという慣行も定着し、バブルの頃な

どは、かなり多額を支払わないと「正当事由」があるとはされないという状況であった。

しかし、後者は、借地借家法の統合時（一九九一年）の「定期借地権」の創設（借地借家法二二〜二四条）、さらに、その後の議員立法（一九九九年）による定期借家権の導入（借地借家法三八条）で、掘り崩されている。つまり、定期借地権・借家権によって、上述の「正当事由」の要件なしに賃貸借契約を終了することができるようになった。これは、大方の民法学者の反対を押し切って、新自由主義的（保守的な市場主義的）な経済学者の議論に乗っかったものであるが、居住に関する賃貸借契約を容易に解消できる法制に変えることにより、不動産の動きを良くして借地借家の供給を増やし、ひいては賃料も安くなるという一般的な立論に沿ったわけである。しかし、その実証的な論証はなされていない。むしろ概して賃料が下がったのはバブルの崩壊ゆえである。借家市場は多層的であり、後述する居住差別もなされる高齢者や女性などにとって、この改正の悪影響は閑却できないと見るべきであろう。

さらに、この改正は、開発利益を所有者（賃貸人）に独占させることを意味していて、継続利益を保障することにより賃借人にも開発利益を帰属させることの否定であり、次に述べるレント・コントロールの是非を巡る議論とも関連する。アメリカ居住法学においては、「法と経済学」の論者であっても、その両様の立場の陣営に分かれている状況である。つまり、居住者保護の進歩的立場からの経済学的議論も有力であるということである。比較するならば、わが国の「正当事由」要件否定論の議論は平板であり、従来の長年の居住者保護の実務をいとも簡単に否定し去った感を拭えず、実務的にも学問的にも残念な事態だという他はない。

(2) 家賃規制の不充分さ

他方で、家賃規制の議論は希薄である。地代家賃統制令(一九四六年)も、一九五〇年には、新築建物には適用されないこととなっている(一九八六年に同法全面廃止)。それは、アメリカなどでレント・コントロールの議論が蓄積されているのとは好対照である。だからわが国では、例えば、大学生などのアパートも市場対価を個人負担するのが当たり前のようになっており、本郷通り沿いの東大前のアパートなら、今では月一〇万円以上もしようか。こうした状況は地方出身者にとってはハンディになっていて、大げさにいうと学問・教育を受ける権利(憲法二三条、二六条)が住宅費のゆえに実質的に阻害されている状態ともいえる。

さらに、公共賃貸にしても、ホームレスなどの低所得者への対処という時代の要請に逆行するように、公共住宅は減らされている。

例外的に注目すべきなのは、①草の根の動きとして、釜ヶ崎などの簡易宿泊所の再利用としてホームレスのためのサポーティブ・ハウジングが作られていることである。アメリカでは、コミュニティ再生団体が母体となってもっと大規模な動きがある。サンフランシスコ市テンダロインやニューヨーク市のコモングラウンドの例がそれである。

さらに、②中山間地では、U・Iターンのための住宅政策として定住住宅などに取り組んでいる基礎自治体が幾つか存在する。例えば、高知県馬路村、島根県隠岐島前西ノ島、鹿児島県奄美大島大和村などがそうである。しかしこうした施策も近年の合併により消されているところも少なくなく、合併が過疎の進行以外に、居住福祉にもたらす悪影響の例である。例えば、長崎県対馬市では、かつての峰町・上対馬町の高齢者バス無料化、上県《かみあがた》町の少子化対策、美津島町の定住対策は、合併で廃止されるに至っている。

この点で、アメリカ合衆国では、（i）セクション8プログラム（家賃補助）、及び（ii）公共住宅（HOPEVIプログラム）などが、主要な低所得者への公共的賃貸支援政策として、定着してきている。比較法的に市場主義的色彩が強い法制を展開し、福祉国家ではない唯一の先進国とされるアメリカ住宅法においても、わが国以上に借家居住者に配慮を示す公共的支援の住宅政策が展開されていることに、改めて注意を喚起しておきたいのである。

建設が進む馬路村定住村営住宅
（建設費1,500万円くらい、家賃は高くても６万円である）

隠岐西ノ島町由良地区の交流住宅（50歳以上を対象とし、利用期間は最長１年だが、それを超過する住民もいるようだ）

三、マンションの共同管理問題など（各論その二）

1　マンション紛争の厄介さ

マンションは、一応「持てるもの」の領域といえそうだが、様々なものがあり、管理組合が「人為的で弱体なもの」であることが多く、区分所有者の規約との関連で既に様々な問題例が生じ、訴訟にもなっている。例えば、騒音、ペット問題、ベランダ使用方法、駐車場問題、管理費の横領など。そして、マンション居住者相互の団体の人為性のゆえに、そのネットワーク形成が希薄なためか、人間関係調整機能が弱いようで、ひとたびこうした紛争で感情がこじれると、「引っ越すより他にない」という状況に追い込まれることも稀ではないことも指摘されている（尾崎教授）。

2 マンション建替え問題（とくに老朽マンションの場合）の難しさ

最近の耐震偽装問題を別にすれば、マンション居住における深刻な構造的問題は、マンション建替え問題（区分所有法では、一九八三年改正で六二条に規定する）である。そして、類型としては、①既に触れた震災マンションの場合（解体例が多いのは、業界利益といわゆる公費解体の法制によるバイアスであろう）と、②老朽化の場合とがあり、後者の場合には、資産があるものは既に転居して、低所得の高齢者などが残されることも多い。今後とも老朽マンションは増えるばかりであり、一九六五年までに建築されたマンション一万六、〇〇〇戸のうち、建て替えられたのは、五、六〇五戸、さらに、一九六六〜一九七〇年の新築マンションは、一〇万五、〇〇〇戸であり、こうした場合にどうするかは悩ましい問題である。

この点で、太田知行教授は、同潤会江戸川アパートの建替えの実践事例を紹介されている。しかし、同マンションの場合は、居住者のモダンさ、その同質性、住民間のネットワークの形成、またその資産価値の大きさという意味でもやや特殊な成功例であって、そこにおけるリーダーの選出過程及びそのリーダーシップを、老朽マンション居住者に一般化することは難しく、その意味で、老朽化マンションの建替え問題は楽観を許さないといわざるを得ない。二〇〇二年に、建替えをしやすくする方向での立法がなされている（マンション建て替え円滑化法及び区分所有法の改正）が、そこでの基本的前提とされている「当事者自治」だけにゆだねられるものかどうか怪しいところがあり、ディベロッパーも儲かる話でなければ乗り出さない。もしうまくいかない公算が高いのであれば、今から老朽化マンションの再建への「公共的支援」のあり方について真摯な取組みがなされてもおかしくないであろう。そしてこの問題は、高齢のマンション居住者の保護の問題とオーバーラップしているのである。

このように、数として老朽マンションの建替え問題（2）は、近未来の大きな政策課題だが、被災マンションの建替え問題（1）も、阪神大震災では悩ましい問題を提供しており、前述の通り、多くの被災マンションは解体・建替えさせられてしまった。この点で、区分所有法六二条はマンション建替えにつき五分の四の特別多数決を規定するが、さらにかつては建替えで「過分の費用」がかかる場合については司法救済の余地があった。修繕か建替えかのマンション住民間の紛争は、原理的には、住民間の共同体主義と個人主義の深刻なディレンマという様相を呈している。とくに日本社会は集団主義的な性格が強く、その裏には少数派抑圧の負の面があるわけで、先の震災

取壊し・建替えが予定されるグランドパレス高羽

では、解体建替え業者の業界利益、不正確な情報を踏まえた多数派の形成という色彩は否定できない。そして、それに対する修繕派の訴訟には、まさに理不尽に生活の拠点を奪われていくことに対する問責の意味合いがある。阪神大震災で被災した神戸の「グランドパレス高羽」には、「居住権侵害」の垂れ幕が下がっていたことが、筆者の脳裏から離れない。

居住弱者に視線を注ぐ居住福祉法学の立場からは、最後の砦としての司法的救済のルートを奪ってしまった二〇〇二年の改正に対しては、果たして内部的手続で司法の代替ができるのか、疑問が残る。

四、ホームレス問題（各論その三）

1　ホームレス問題の法学的課題と現状

ホームレス（野宿生活者）人口は、大阪・東京・横浜・名古屋などの大都市で増えており、既に数年前に三万人を超えている。大都市の公共空間所有の問題は喫緊の現実課題であり、民法物権法の問題であろう。なぜなら、W・ブラックストーン（一七二三〜八〇年。オックスフォード大学での初代イギリス法教授）以来のいわゆる近代的な「排他的・専属的私的所有」の思考様式の帰結として、こうした「社会的排除（social exclusion）」の問題が出てくるからである。しかしむしろ「社会的受入れ(social inclusion)」のあり方を考えていく必要がある。

もっともこの点で、わが国のホームレスを巡る空間規制法でもある二〇〇二年のホームレス自立支援特別措置法一一条(適正化条項)を見ると、都市公園その他の公共施設の管理とホームレスの起居の場所としての利用とが、排斥的に捉えられており、従来の枠組みの延長線上にあることがわかる。

ホームレスの生成要因を考えると、住宅問題、雇用創出、家族問題などを併せて考えて、抜本的解決を図っていくことが必要であることが指摘されている。わが国でも、一見諸外国と同じようなことが意識され、例えば、大阪釜ヶ崎でも、構造的経済不況から「寄せ場」機能低下が深刻な中で、清掃作業などの雇用開発が模索され、また炭谷茂環境事務次官をリーダーとする日本型CAN(Community Action Network)の形成、すなわち、地元商店街、簡易宿泊所、大阪ガスなどのサラリーマン、ホームレス支援者などの福祉支援者などのネットワーク化、なども注目されるところである。

しかし、諸外国ではまず筆頭に語られる低所得者に対する公共的住宅提供の施策が、わが国では不思議なまでに論じられない。この点で、最近(二〇〇六年六月)制定された住生活基本法一四条では、確かに、居住安定確保のための必要な住宅の供給促進施策を謳っている。しかし二〇〇五年に改正された公営住宅の法的スキームでは、単身で公営住宅に入居できる者は、高齢者に関しては六〇歳以上に絞り込まれており（従来は五〇歳以上であった）（公営住宅法施行令六条一項一号参照。なお他方で、ドメスティックバイオレンス被害者、精神・知的障害者にも入居資格が拡充された（同項二号、八号）ことは評価できる）、公営住宅によるホームレス対策がなされているとは到底いえない（その全住宅戸数比も下がっている。二〇〇三年で、四・〇六％）。また、釜ヶ崎地区の草の根のサポーティブ・ハウジングの充実の営為についても、官民共同の施策に発展していかないのである。それは、まさしく、日本における居住福祉法学の欠落とそれを受けた行政施策の陥穽を象徴的に示しているといえないだろうか。そしてこれは時代の要請にも反しているのであり、謙虚に諸外国の議論に学び、ホームレスにおける住宅問題の重要性にもっと真剣な議論がなされるべきである。福祉国家とはされないアメリカでも居住面に定位したホームレス対策が、トップの政策課題とされたりしているのである。

2　ホームレス排除の諸施策と前向きな社会的受容政策

行政側は、ホームレスが「可視化」しないように、排除・退去措置を採りたがる。わが国では、例えば、東京新宿の地下道のダンボール除去（一九九六年一月）が有名だが、最近では、前述した大阪城公園などのテント撤去の代執行がなされた。札幌では、「エルムの里」公園事件（二〇〇一年一一月）がある。これは、札幌駅近くの高架下の「エルムの里公園」では、雨露が凌げることもあり、また近くの教会の炊き出しなどの慈善活動もあって、青テント生活者が群居するようになった。しかし、厳寒の地の札幌に多くのホームレスがいることが可視化することを行政側が嫌い、話し合いの後に当座の同公園でのホームレスに対する公営住宅への移転措置が採られることとなった。これは一見良さそうに見えるかもしれないが、その後同公園の青テント生活者（いわば、エルムの里公園での生活希望者予備軍）の立入りは禁止され、札幌のホームレスの居住環境は悪化したことが忘れられてはならない。北大学生たちのホームレス支援活動のネットワークにも支障をきたしたのである。

諸外国でも、ホームレス排除・分散の仕方については、「都市社会工学」的に実に様々なことが考えられていることが知られている。例えば、①トイレをなくす、②ショッピングカートの除去、③バスのベンチの樽状化、④飲水施設の除去、⑤スプリンクラーによる蹴散らし、⑥壁による上品な私的空間作り、⑦警察的取締りなどがそれである。M・デイビス氏（ロスアンジェルスを中心とする都市社会学者）の本などを見ていると、よくこれだけ狡猾な（ホームレスに冷酷な）アイデアを思いつく人・官僚たちがいるものだと感心するくらいである。反面でちなみに、例えば、サンフランシスコとかサンタ・モニカとかには、なぜホームレス人口が多いかといえば、進歩的住宅政策などや、教会を中心とする給食サービスなどの慈善活動、さらには温暖な気候ゆえに周辺から集まってくるということがある。

しかし、単に自助努力を強調するだけではない前向きな解決策としては、条件整備として、(a)住宅の提供、(b)給食サービス、(c)職業訓練・雇用創出、(d)薬物汚染からの回復施設などが重要であろう。先にも述べたように、わが国では未だ翳《かす》んでいるが、とくに(a)（公共的住宅支援）が重要であることは再度強調しておきたい。この点で、サンフランシスコ・テンダロインの例を挙げると、コミュニティ再生団体といわれる非営利団体が低廉住宅のホームレスへの提供に際して重要な役割を演じていることも注目されよう。データを示すと、例えば、「テンダロイン近隣再生団体（TNDC）」は、二〇〇五年五月の段階で、二一もの建物を所有して一、六〇〇戸あまりの清潔・安全・低廉な住宅を、三、〇〇〇人もの貧困者に提供している。

これに対して、しばしば「ホームレスはシェルターを使えばよいではないか」という議論がなされることがあるが、これは現場を知らないものの発想のように思われる。少なくともわが国でのシェルターはあまり有効でない。多くは収容所のようであり、夏は蒸し風呂状態、寒くなると結核が蔓延したりすることもまれではないとのことである(大阪釜ヶ崎三角公園のところのシェルター訪問の際の話)。また、空き缶集めなどの彼らの夜の生活にも適合していないのである。従って、こうしたものに多くの予算をかけるのもどうかと思われ、むしろ、同地区でかつての簡易宿泊施設を再利用したサポーティブ・ハウジング創出の草の根の動きに対する公共的支援のほうがより建設的ではなかろうか。

大阪釜ヶ崎公設シェルターの内部

釜ヶ崎三角公園における炊き出し(1,500食とのこと)

五、災害復興（各論その四）

1　震災・自然災害による住宅被害補償否定の原則への疑問

阪神大震災後も自然災害は相次ぎ、とくに二〇〇四年は新潟中越地震や水害など自然災害が多かった。これに対して、居住福祉法学上どのように対処するかが問われるが、基本的に実務は住宅補償を拒んでいる。しかし、阪神淡路大震災に直面して、その住宅被害の甚大さから、一九九八年には議員立法により被災者生活再建支援法が制定された。ところが、これは、原案(市民法案)の年収二、〇〇〇万円未満の世帯に全壊五〇〇万円、半壊二五〇万円を限度に与えるというもの

阪神大震災で破壊されたままの長田地区アーケード

円山川決壊現場近くの家屋の残骸

とはかなり異なり、支給額最高三〇〇万円（二〇〇四年に改訂）の使途は、①建物の解体・撤去、②建物の新築・補修のための借入れローンなどに限られ、建物の補修・新築のための補助は見事にはずされている。しかも、この法律は、神戸震災には遡及適用されないのだ。それだけ強固に「個人住宅被害の補償否定」のドグマに拘束されているということである。

新潟中越地震（二〇〇四年一〇月）に対する新潟県の対応にしても、上記法律への最大上乗せ一〇〇万ということで、鳥取県の例よりも低い。同年七月の新潟三条市などの水害による住宅被害に対しても同様の扱いであった。また、兵庫県豊岡市の水害（二〇〇四年一〇月。台風二三号による円山川の決壊）の場合には、家財道具ないし機械の損害（かばん産業への打撃）が大きかったが、自己責任原則からとりたてての行政的支援はなされていない。せいぜい廃棄物処理のレベルでの支援があったぐらいである。

補償否定の論拠として、従来説かれたのは、

①地震・天災は「不可抗力」であり、国家に落ち度はない

②住宅は私的財産である

③保険がある場合とのバランス論

④補償を認めると「焼け太り」になる

⑤有産者にはその必要はない

などである。しかし、その結果として住宅補償の否定の裏腹に災害復興としてなされたことは、コミュニティを破壊した高層ビル群の建設、空港建設、港湾整備、ルミナリエなどの光沢（奢侈）建造物の建立などであり、こうした事態が「災害救助」になっているのか、被災者の生活現場からの要請に適合しているかには、謙虚に反省することが必要であろう。

前記の諸論拠にも様々なものが含まれ、総論で述べたロールズの「格差原理」との関係で少し整理が必要である。すなわち、被災してもなお多くの財産を持つのであれば、そのような被災者は少ないであろうが、④の論拠は妥当する。また、①にしても、従来の意味での国家賠償の否定という点ではその通りであろう。しかし、②については、住宅被害の公共的支援の是非が問題としてされている本問題においてこれを持ち出すのは、トートロジー（同義反復）的であり、説得的ではなく、③も自己責任的な論拠であって、やはり説得的ではない。ということは、詰めて考えるとそれほど決定的な否定の論拠はないことになる。

従来の国家補償システムは、大別して、(a)収用のような適法行為（適法な公権力行使）がある場合の補償（損失補償）（憲法二九条三項。それを受けた土地収用法など）と、(b)違法で過失がある公権力行使・営造物管理に関わる国家賠償（憲法一七条。それを受けた国家賠償法一条、二条）に分けられる。被災個人住宅の補償は、確かに、こうした国家補償システムの狭間に位置する問題だという意味で、体系上の難点があるかもしれないが、自然災害の場合にも、被害が大規模なものとなると、被害者サイドからの——矯正的正義に基づく——被害回復要請は大きくなる。そして、公的支援が政策決定されるのであれば、被災状況との関連で必要度に鑑みて、住宅補償の問題がクローズアップされてくるのはむしろ自然なことではなかろうか。やはり、従来こうした発想が封ぜられてきたのは、住居に関する（狭隘な）私的所有論の横行と居住福祉的発想の希薄さゆえではないかと思われる。

2　被災者の居住福祉支援のあり方

被災者は、避難所・仮設住宅・復興住宅という形で進むのがモデル例である。しかし、これについては以下の問題がある。第一に、避難所にすべて収容できたとは限らない。新潟中越地震の際に、川口町などでは自動車避難の例が少なくなく、「エコノミー症候群」が今でも問題とされているのである。また避難所にしてもプライバシーなどの点で問題がある。

第二に、仮設住宅は二年で取壊しということになっているが（災害救助法二三条一項一号、建築基

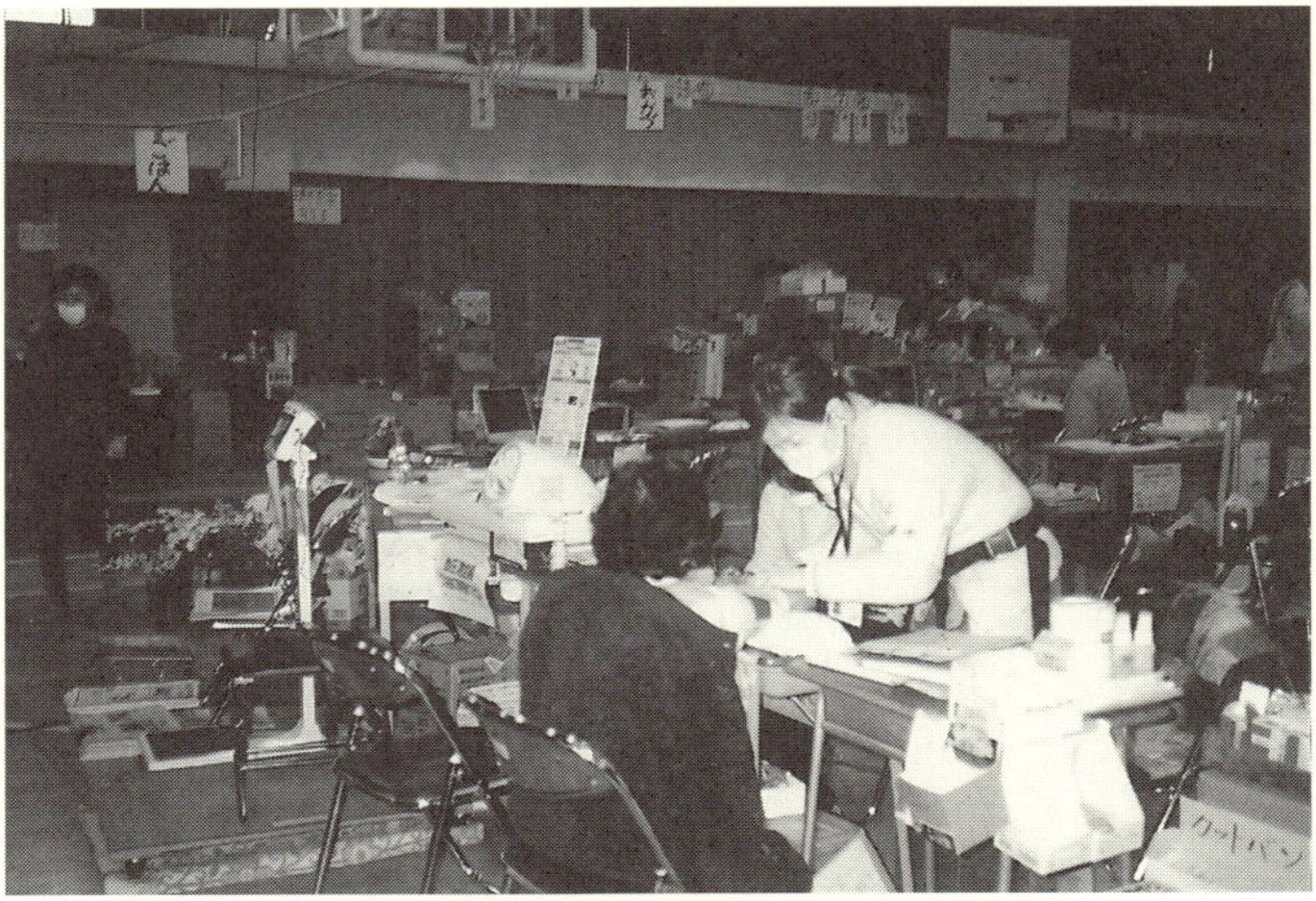

長岡大手高校の避難所

新潟県川口町の仮設住宅(除雪もままならない)

準法八五条一項一号及び三号)、現場の受け止め方とは裏腹に、法解釈としてそれほど必然的な期間設定なのか怪しいところがある。前記条文の仕組みを述べれば、二年を超えると条文上建築基準法が適用されることになり、そうなると、建物の基礎・礎石が強固なものでなければならなくなり、仮設住宅の構造に反してくるというところから来ているのである。従って、一戸当たり四〇〇万円もの公費を(仮設住宅に)投下しながら、あまりに短期間で取り壊さなければならないとするのは、コストの無駄遣いではないかという疑問がまず問題になる。さらに、阪神大震災の場合に見られたように、折角仮設住宅になじんだ被災者が更なる転居を余儀なくされて、それが理由で健康を害する例も多かったという深刻な居住福祉問題があるのであり、これを災害復興の法的スキームの再構築にどのように反映させるかということも今後の課題であろう。

そして第三に、復興住宅は従来のコミュニティを無視して辺境に建てられたりするので(兵庫県の場合)、高齢者の孤独死はあとを絶たないという自己矛盾的なアイロニーがあるのも、従来の(災害復興)住宅法学において、居住福祉法学が重視するコミュニティの問題に充分配慮してこなかったからではないかと思われる。

生業の復旧も重要課題であるが、とくに自然を相手とする第一次産業従事者などの中山間地の居住者については強く妥当しよう。中山間地の生業は、会社勤めのように場所を問わないのとは

新潟中越地震の１カ月後の旧山古志村役場にて（右側早川和男教授、左側筆者）

同役場から油夫《ゆふ》地区の破壊された道路・棚田を臨む

違うし、また次に述べるように、中山間地の保全が、単にローカルな問題ではなく、日本全体の環境保全などに関わる公共性があるわけで、その方面からの公共的支援も求められるのである。その意味で、山古志の被災者の場合には災害復興の問題と次述の中山間地の居住福祉の問題とがオーバーラップしているのであり、棚田復旧などができておらず、今でも仮設住宅生活であるという現状には、居住福祉法学上未だ大きな課題が残されているといえよう。

六、中山間地の居住福祉（各論その五）

（一）問題状況——中山間地再生の意義・その方途と平成市町村合併の功罪

1　中山間地の居住福祉支援態勢の動揺——地域間の所得再配分システムの停滞・後退

（1）中山間地域の財政危機

近年は、地方自治の法制が大きく変わろうとしている。いわゆる地方自治に関する「三位一体」の構造改革——①補助金の削減、②地方交付税の削減、③税源移譲——がそれである。これは日本全体の財の再配分の状況の変貌ということで、中山間地に関する公共的支援態勢、その財政的支援が大きく揺れ動き、その意味でのマクロの中山間地の所有法制が問われているといえる。

しかし現場の状況はどうかというと、グローバライゼーション（第一次産業の海外への依存）により、地域の中山間地は疲弊し、荒廃し、空洞化している。例えば、奈良県吉野杉、高知県魚梁瀬杉の状況などを視察すると、外材の進出に侵蝕されて林業が構造的に成り立たなくなり、温室効果ガスの吸収に重要な森林が荒廃している様がわかる。従前以上に地域産業基盤の立て直し、それを支える財政的措置がますます求められているといえよう。しかし、目下の政治的状況は、「地方分権」を掲げつつ、地元の社会的要請に反する形で地方自治体のリストラが音を立てて進められており、それによって皮肉なことに、真の意味の草の根の地方自治の基盤は掘り崩され、その意味で、中山間地の居住福祉基盤は深刻な危機に晒されているといっても過言ではない。

（2）「日本の政治」の構造的変容

この点で、従来は、地方出身の代議士の「地元の面倒」といわれる利益誘導政治が日本の政治の基調をなしていた（京極教授の指摘）。その意味で、わが国では、在来の保守的政治家が、財政配分を通じて日本全国平等主義的に格差を是正していくというパラドクシカルな構造があったわけである。しかし、近年の政治家の視点は都市住民に向けられるようになってきており、これが地域間格差を拡大させる素地を生んでいる。この点では、従来野党が先行し、それを自民が追いかけるということになっている。それゆえに、未だにこの「地方切捨て」という深刻な政治的課題は、与野党の政策論争の争点として前面化できないでいるという構造的問題がある。

2　平成大合併の騒動の居住福祉にもたらす悪影響

(1)　平成市町村合併の推進過程

地方の中山間地では、過疎高齢化が進んで、高齢化率が三〇%のところは普通であり、長野県栄村などは四〇%を超える。さらに、最近の平成大合併がそれに拍車をかけているのだ(市町村数は、二〇〇四年三月には、三、一三二だったが、二〇〇六年三月末には、一、八二〇に、町村数は、二、四四三から一、〇四四になっている)。しかしまずは、どうしてこのような合併の動きが出てきたのかを見ておく必要があろう。

市町村合併に向けた一連の動きを順次見ていくと、

①一九九五年地方分権推進法(市町村合併の特例に関する法律〔一九六五年合併特例法の一九九五年

改正〕：地方交付税の算定特例（支給維持・五年間）、臨時需要への交付税措置（三年間）、市町村合併補助金（三年間。一律五〇〇〇万円〕）に始まる。

②それを受けた一九九六年から一九九八年までの地方分権推進委員会の第一次～第五次勧告（二〇〇〇年一一月には「市町村合併の推進についての意見」）も出される。

③一九九九年地方分権一括法（合併特例法の一九九九年改正）で合併特例債が打ち出された。これは、事業費の九五％、元利償還費の七〇％まで地方交付税で対応するというものであるし、同改正では、さらに、交付税算定替えの期間延長（九五年改正の五年から一〇年へ伸張）が規定されている。

④また、二〇〇〇年一一月自治省合併推進本部「市町村合併推進についての指針」（住民投票制度、合併特例債交付税などが盛り込まれる）を受けて、同年一二月「行革大綱」の閣議決定として、「市町村合併の基本的考え方」が示される。

⑤そして、二〇〇一年六月経済財政諮問会議答申（「骨太の方針」）では、市町村合併、広域行政の強力推進が謳われ、財政支援措置期限は二〇〇五年三月、市制要件緩和は二〇〇四年三月までとされる。

⑥二〇〇一年八月の経済財政諮問会議における片山プラン（片山虎之助前総相の「構造改革」の地

方自治版として示された市町村合併支援プラン）の提示。
⑦二〇〇二年三月の新たな合併指針（合併支援策の強化）。
⑧そして、二〇〇三年三月の閣議決定と続く。

この中で、何といっても転機となりいささかの物議を醸したのが、二〇〇二年一一月の地方制度調査会専門委員会での西尾勝教授の私案の提示であった。そこでは、教授自身のかつての自主的合併の立場（第一次分権改革の頃の立場）は変えられて合併強制が説かれ、さらにその基準は人口とされ、人口一万人未満の場合には基礎自治体たり得ないとされたのである（他方で、基礎自治体内部の「内部団体」に一定の役割が認められた）。斯界の学界のリーダーの合併積極論として、政府サイドはこれを援用し、教授以上に合併を強く推進するに至ったわけである。

もっとも、西尾教授自身は、その後、離島、広域の中山間地などにつきやや揺り戻しがあり、慎重な立場になられたように思われる。

（2）合併の長短――（付）北海道の合併再編問題

ここで合併が推進された理由を検討しておくと、

第一に、財政的体力が増えるとされる。しかし、財政力が乏しいところが一緒になってどれだけ意味があるのか反論も出るところであり、中央政府からの補助金・交付税を安易に切り捨ててよいものでもない（確かにひも付き補助金はよくないが）。また、税源移譲といっても、中山間地で高齢者の多いところでは税源も多くはないのである。

第二に、人材が増えるとされるが、一般的にはそうであるとしても、近年はそれとは逆向きの職員リストラの動きが強い。

また第三に、合併による財の再配分的効果が説かれることがあるが、これが指摘されるのはとくにアメリカでの議論であり（フルッグ教授の指摘）、そこでは郊外の富裕コミュニティが合併に反対し問題となっている。しかしわが国ではそれほど多くなく、例外として、全国区的な保養地である湯布院の合併による由布市の誕生などがそうした例かと思われる。

では第四に、どうして雪崩を打ったように、これだけの基礎自治体が合併に応じたのかといえば、「背に腹は代えられない」地方の苦しい財政事情があり、その足元を見て交付税などの優遇措置に誘導されて動いただけに過ぎないというのが実情ではないか。だから、合併に心底共鳴している基礎自治体などあまりないと思われる。

しかし、真の地方自治不在のリストラ志向の平成大合併の短所、すなわち、居住福祉にもたらす悪影響はあまりにも大きいように思われる。

第一に、合併は中山間地の過疎化を促進させる。「地域自治区」(地方自治法二〇二条の四～二〇二条の九）の活用にはよほどしっかりした自治意識が必要であろう。

第二に、自治基盤の弱体化、崩壊に繋がる。地方自治政府が住民から遠く離れると現場の実情にも疎くなる。例えば、新潟中越地震の際にも、仮設住宅は中央での設計のために豪雪地の実情に合わず、除雪車が入れず、雪に埋もれるなどの問題が起こった。対策本部が新潟ではなく長岡市にあればもっと違っていたといわれる（川口町役場での話）。

第三に、職員削減による行政コストの削減は平成大合併の本音であるが、本来の地方自治に反する。住民に近い地方自治にはそれなりのコストがかかるものである。

第四に、合併に伴う基礎自治体の地理的規模の肥大化に伴う行政コストについては、充分意が払われているとは思われない。西尾私案をはじめ、合併推進論の言説では人口ばかりが指標とされたのである。

この点で、既に広域自治体を多数抱える北海道においても、今後道側は、財政優遇措置をちらつかせながら、更なる合併を推し進めるようである（二〇〇六年六月公表。一八〇市町村を五九市町に再編するつもりである）。しかし、最底辺の基礎自治体を崩壊させないことが、中山間地の居住福祉の維持のためには決定的に重要だとの意識改革が必要だろう。むしろアメリカ（わが国では長野県)での広域行政の議論にも見られるように、基礎自治体の存在を前提として、より上位の政府の支援の下に、重畳的・補完的な広域連携こそが21世紀の道ではないか、と問い返されるべきであろう。

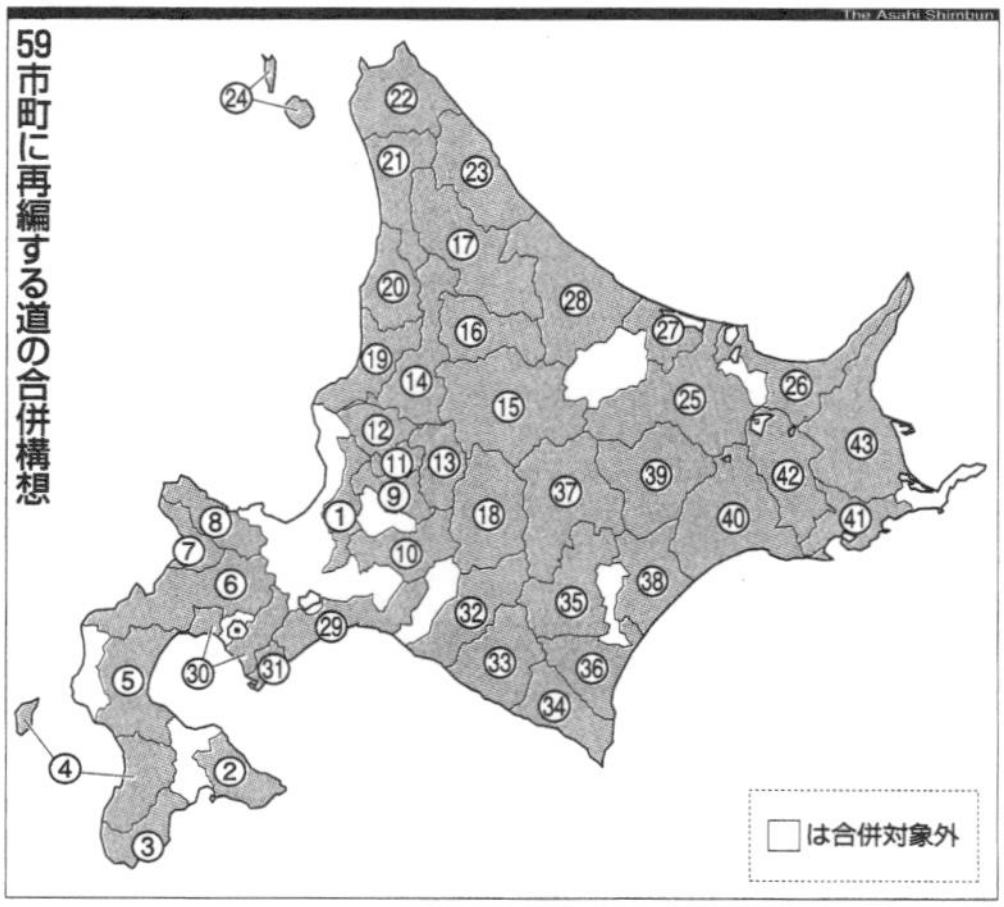

道が示した市町村合併の組合せ

（丸数字は32面の地図中の数字と対応）

【石狩】
①江別市、当別町、新篠津村、北広島市
【渡島・桧山】
②函館市、七飯町、鹿部町　③松前町、福島町、知内町、木古内町　④江差町、上ノ国町、厚沢部町、乙部町、奥尻町　⑤長万部町、今金町、八雲町
【後志】
⑥島牧村、寿都町、黒松内町、蘭越町、ニセコ町、真狩村、留寿都村、喜茂別町、京極町、倶知安町　⑦共和町、岩内町、泊村、神恵内村　⑧積丹町、古平町、仁木町、余市町、赤井川村
【空知】
⑨三笠市、月形町、美唄市　⑩南幌町、由仁町、長沼町、栗山町、夕張市　⑪砂川市、歌志内市、奈井江町、上砂川町、浦臼町　⑫滝川市、新十津川町、雨竜町　⑬芦別市、赤平市　⑭深川市、妹背牛町、秩父別町、北竜町、沼田町、幌加内町

出所）『朝日新聞』（北海道版）2006年6月3日。

【上川】
⑮旭川市、鷹栖町、東神楽町、当麻町、比布町、愛別町、上川町、東川町、美瑛町 ⑯士別市、和寒町、剣淵町 ⑰名寄市、下川町、美深町、音威子府村、中川町 ⑱富良野市、上富良野町、中富良野町、南富良野町、占冠村

【留萌】
⑲留萌市、増毛町、小平町 ⑳苫前町、羽幌町、初山別村
㉑遠別町、天塩町、幌延町

【宗谷】
㉒稚内市、豊富町、猿払村 ㉓浜頓別町、中頓別町、枝幸町 ㉔礼文町、利尻町、利尻富士町

【網走】
㉕北見市、置戸町、訓子府町、美幌町、津別町 ㉖網走市、斜里町、清里町、小清水町 ㉗上湧別町、湧別町、佐呂間町 ㉘紋別市、滝上町、興部町、西興部村、雄武町

【胆振】
㉙苫小牧市、白老町、厚真町 ㉚伊達市、壮瞥町、豊浦町
㉛室蘭市、登別市

【日高】
㉜日高市、平取町 ㉝新冠町、新ひだか町 ㉞浦河町、様似町、えりも町

【十勝】
㉟帯広市、音更町、芽室町、中札内村、更別村 ㊱大樹町、広尾町 ㊲士幌町、上士幌町、新得町、清水町、鹿追町 ㊳池田町、豊頃町、浦幌町 ㊴本別町、足寄町、陸別町

【釧路】
㊵釧路市、釧路町、白糠町、鶴居村 ㊶厚岸町、浜中町 ㊷標茶町、弟子屈町

【根室】
㊸別海町、中標津町、標津町、羅臼町

※これら以外の16市町は合併構想の対象外

3　中山間地の公共的意義とその沈没?

(1)　中山間地の公共的機能

中山間地には、①国土保全、②景観、③食の確保、④環境保護、⑤都市・農村の関係（グリーンツーリズム）、さらには、⑥荒廃した精神回復機能など、「公共的機能」が多々あるのである。従って、日本全体の公共的所有法制の問題として、それを支える施策が求められる。

つまり、シャウプ勧告的な本来の意味での地方交付税の充実の必要性は少しも変わっていないのに、今は、合併特例債がらみで、公共工事的「箱物」作りのために地方交付税が費消されているのは遺憾なことである。政府側は地方交付税の額自体は従前とあまり変わっていないなどと説明しているが、その使い方の変質振りをマスコミなどは喝破すべきであろう。

(2)　市町村合併が中山間地にもたらす影響

二一世紀に広がりつつある地域間格差を是正する取組みが求められているのに、時代の要請に逆行して、今般の合併の動きないし「三位一体」の地方自治改革は、本来の意味の地方自治を掘り崩し、「地方切捨て」「過疎化推進」に作用していく公算が強い。これは都市を支える地方の喪

産婦人科医がいなくなった隠岐病院（隠岐の島町）

失ということであり、この歯止めなき都市化進行を放置しておけば、行く行くは環境問題など全国レベルでの「日本沈没」的事態が生起されるであろう。

すなわち、例えば、①役場がなくなり（雇用の場が失われ）遠くなり、②教育機関も統廃合がなされ（遠方へのバス通学になり）、③医療機関も少なくなり、④交通機関も削減されて、例えば、道東のふるさと銀河線（かつての池北線）は、二〇〇六年四月に一世紀近くの運行を地元住民に惜しまれながら終了したことは記憶に新しい。

③の点を付言すれば、中山間地における医師確保の難しさは既に深刻な課題となっており、例えば、隠岐島後《どうご》の隠岐の島町（二〇〇四年一〇月に合併）では、合併による「箱物」はできても、同地の隠岐病院では産婦人科医がいなくなっているという、笑う

松江市天神町商店街の町並み（再生の町内会長の中村茶舗前）

に笑えない深刻な事態が報ぜられているし（二〇〇六年四月）、また、あまりに広域になるとヘルパーによる介護態勢も難しくなる。例えば、秋田県鷹巣町は二四時間ヘルパーサービスが行き届く福祉の町として知られたが、合併によってそれも難しくなっている。また④により、高齢者が転居を余儀なくされると、生業を失い、健康を害し、認知症になりやすいとされる。早川教授のかねての主張である。

つまり、中山間地の地方自治（身近な地方自治行政）ないし草の根の民主主義を支えるためには、それなりに財政が必要なのであることが、居住福祉の見地からもいえるわけである。

また、⑤さらに地方都市では、どこでも中心商店街の空洞化という構造的問題を抱えている。これも過度の規制緩和による大型店舗の郊外進出の帰結である。これに対して、高齢者福祉に配慮する商店街の再生としては、東京巣鴨のとげ抜き地蔵を中心とする商店街の活性化が先駆的であるが、それ以外の地方都市での試みとしては、例えば、米子の田園プロジェクトを拠点とする「まちなおし」フォーラム（前述）や、松江市の天神町商店街の白潟天満宮を核とする（巣鴨の再生がモデルとなっている）ものは貴重だが、まだまだ例外的取組みであって前途多難である。

4 合併拒否、また地域再生の実践例

(1) 貴重な合併拒否の基礎自治体の取組み

その意味で、自律的に合併を拒否している基礎自治体の取組みは、貴重であり注目される。例えば、北海道では、ニセコ町、奈井江町など、東北では、福島県矢祭町など。これに対して、福祉の分野で有名な秋田県鷹巣町は北秋田市に、岩手県沢内村は西和賀町に、吸収合併された。中部地方では、長野県が田中知事のリーダーシップにより、意識的に小規模自治体を前提とする重層的地方自治レジームを求めており、泰阜村、栄村、小布施町などすべて合併を拒否している。四国では、高知県の馬路村など、九州では宮崎県綾町など（なお、湯布院町も地元リーダーは反対し

ていたが由布市となった）がその貴重な例であり、それぞれ草の根の地方自治が根付き、首長がしっかりした自治理念を有しているところが多い。

（2）「福祉のまちづくり」例

すなわち、中山間地地域の再生の実践例を適宜類型化して示せば、「福祉のまちづくり」の例として、――

・秋田県鷹巣町：ケアタウン「たかのす」という先進的ユニットケア施設を擁し、二四時間介護サービスがなされていた。しかし合併により福祉基盤がおびやかされている。

・岩手県沢内村：家屋の改善、長瀬野地区の集落移転などで全国的に知られ、日本居住福祉学会も何度も現地研修会を開いたが、合併の渦に投げ込まれた。

・長野県泰阜村：松島貞治村長という強力なリーダーシップの下に、在宅医療の最右翼であり、二四時間サービスがなされ、合併も拒否している。なお、同じ長野県でも南佐久地方の小海町などは佐久総合病院のサテライトの診療期間をベースとするメディコ・ポリス構想が実現されつつある。

・鳥取県智頭町：役場と郵便局、さらには農協・病院・警察などとの協働プロジェクトである「ひまわりシステム」は全国に波及したが、目下郵政民営化の波にその福祉ネットワークは揺れている。

・北海道奈井江町：方波見康雄医師の発案により「かかりつけ医」制度による施設の開放型共同利用が光っており、北良治町長もはっきりと、子どもの住民投票も取り入れてまで、合併を拒否している。

——がある。

（3）「内発的発展型（とくに観光地型）まちづくり」例

次に、「内発的発展型まちづくり（観光地型まちづくり）」ともいうべきものとして、例えば、——

・長野県小布施町：栗菓子の老舗と北斎のまちであり、店舗経営者を中心として市民層のパワーが強い。

・大分県湯布院町（現由布市）：ドイツ視察に示唆を得て、「バーデン」構想の下にリゾート法による乱開発を回避し、また農村景観との共存も目指して癒しの保養地として、今では全国区的温泉町になっている。

——がある。

長野県栄村の田直し・道直し現場

なおこの点で、長野県栄村は、高齢化率も高く(四一%)地域経済力も決して強くないが、高橋彦秀村長の音頭で合併を拒んで財政が厳しいながらやっているのは、「地域の自立」に留意して、昨今の経済グローバル化の波を意識的に防ぎ、経済の地域循環に努めているところに秘訣がありそうである。その点で、例えば、農業・観光・土木・商業のジョイントとしての「栄村振興公社」の試みが注目される。もっとも、二〇〇六年冬の豪雪被害による秋山郷の民宿閉鎖など前途は多難であるようだ。この点は、町ぐるみでワイン産業に取り組んだ北海道池田町の例と似たところがある。

これと対照的なのは、北海道夕張市で、メロン産業が民間にゆだねられたために、それによる利潤は町の荒廃再生に活かされず、財政的に分断されている。

つまり、グローバル市場化が進む中で、特色ある自治的な中山間地の内発的再生のためには公共的な行政の関与が重要であることを示しており、それは、従来の行政のデメリットとして説かれた非効率性・無駄遣いとは別問題である。

なお他方で、東北地方などでは、企業誘致に積極的なところも目に付くが（例えば、岩手県北上市、藤沢町。なお同町には、自治基盤の強さ、また障害者施策の積極性などの特色がある）、企業誘致には、企業の効率性優先論理に翻弄されるという不安定さがつきものだ。その他、構造改革特区に注目するところもある（例えば、岩手県遠野市の「どぶろく」特区）。

（4）「農業再生型まちづくり」例

また、「農業再生型まちづくり」としては、――

・宮崎県綾町：郷田実前町長のリーダーシップにより、照葉樹林都市、有機農法の先進地（「本物手作りセンター」の発祥地）として再生され、初めての有機農業条例も制定されており、この種の再生例として筆頭に挙げられよう。

・北海道ニセコ町：逢坂誠二前町長の下に再生がなされている。農産物直売センター（道の駅ニセ

綾町・本物手作りセンター

コビュープラザ）もあり、有島農場解放以来の伝統を持つ相互扶助精神があるのであろうか、町民も比較的しっかりしている。最近では海外投資家の進出も目立っていて、道内ではユニークな存在である。

——などがそうであろう。なお、長崎県壱岐市などは、壱岐牛の伝統もあり、離島ならではの自給自足的な歴史ある町である。

（5）「景観型まちづくり」例

さらに、「景観型まちづくり」の例としては、古都の歴史的町並み保全の取組みをしている奈良県奈良町が先駆的であり、それが、高齢化率が高まっている都市中心部の活性化と繋がっている。

ここではそうした伝統のない地方での取組みとし

ては、ニセコ町（町民の考案による綺羅街道が有名である）、小布施町（景観整備、地域住宅整備によるまちづくり）、また、北海道恵庭市（ガーデニングによるまちづくり）も特色がある。

これらにおいては、大都市のベッドタウンエリアのように、比較的住民の財政状況も豊かであることが多かったりするように、典型的な中山間地とは性格が異なっているようである。この点で、法律学の分野で有名なのは、東京都国立市であり、そこでの景観条例に関わるマンション景観訴訟である（とくに、高さ二〇メートルを超える部分の撤去請求が認容された、東京地判平成一四年一二月一八日『判例時報』一八二九号三六頁参照）。

（6）「災害復興型まちづくり」例

なお、「災害復興型まちづくり」というものがあるが必ずしもうまくいっていないところが多い。例えば、新潟県山古志村（二〇〇五年四月に長岡市に合併された）、川口町では、棚田・棚池（錦鯉養鯉池）、魚沼産コシヒカリの再生は充分できておらず、仮設住宅生活が続いていることは前述したし、この点は、激甚災害法、さらには、その上乗せ的な国の補助による基盤整備にかかっている。その中で、北海道奥尻島では、悲惨な津波被害（一九九三年七月）の後に集落移転もなされ、あたかも城塞都市のごとく防災設備も整っている。

奥尻町青苗地区の避難台

その他、日本居住福祉学会共催で居住福祉人材養成講座を行った鳥取県の三朝町は、天神川河川氾濫(一九九八年一〇月の台風一〇号の被害)の災害復興、かつて建設予定であった中部ダムの中止(脱ダム宣言)による水没からの方向転換がなされ、そこで生まれた財政的余裕から鳥取県独自の居住福祉推進の住宅補償施策も形成された。そして従来からの温泉療養(今では数少なくなった国立の温泉療養病院もある)ないし観光による町の再生が模索されており、ここでのまちづくり(中山間地再生)類型化の多くの側面を持つ例である。「温泉療養」にせよ、「脱ダムによる補償拒否」にせよ、かつての「時流」とは異なるが、実は今後の高齢者福祉を先取するかたちでの進展の余地もある再生例といえないだろうか。

——以上のように、様々な態様での自立的地域再生の取組みが見られるが、平成大合併の荒波は、それらとの関係でも試練となっていることは間違いないであろう。

（7）「合併」（ないし「合併拒否」）の日米の相違

なお、合併（annexation）は、アメリカ地方自治法でも議論されるが、前述したように、通常そこでは所得再配分的な意味合いがある。例えば、郊外の富裕コミュニティと財政難の都市との合併がそうである。これに対して、ハリウッドなどがロスアンジェルスとの合併に反対するときには保守的な排他的意味合いがある。しかし、わが国での合併は、所得再配分的な意味合いがあるのは例外的で、多くは総務省主導の財政難への対処としてのリストラ策という意味合いが強く、これにより地方自治の根幹が揺らいでくることを見逃すべきではない。だから、合併反対の基礎自治体は、財政悪化を犠牲にしても、地元の自治を守ろうとする真の「地方自治」理念が強固なところが多い。昨今の改革は一応地方分権が基本的な理念とされているだけに、極めて皮肉な現象といわざるを得ない。

（二）中山間地の財再配分の方途——その例外的萌芽

以上のように、一般的には、現場の需要に反するように、地域間格差是正の財政調整は削減傾向にあるが、以下に例外的制度として留意すべきことに触れておく。

1 農地の場合

農地（棚田など）については、一九九九年新農業基本法三五条により、中山間地域等直接支払い制度がある。これは、財政の流れとして、近時のうねりである地方分権と称する都市・地方間の財の再配分（補助金、交付税）を切っていこうとするのとは逆向きのものとして注目されよう。つまりそこでは、棚田を象徴的例として、中山間地が都市住民を支え、それが多面的機能を持つことに理解を示して、一定の補助金を交付するものである。

さらに、棚田オーナー制度がある。これは、特定農地貸付法により、遊休農地を組合や行政が借り入れ、各人一〇アール未満を都市住民に貸し出すという制度で、当初年間の利用料は、四万

佐賀県相知町（現・唐津市）の棚田（千枚田）

十川にちなんで、四〇、〇一〇円とされた。利用契約であり厳密にオーナーになるわけではない。ともかくこれを機縁に都市住民の棚田への来村が出てきて都市・農村住民間の交流が広がってきたのである。この制度により、都市・農村間の交流（グリーンツーリズム）、そして地域の活性化が目指されており、これに関連して高知県梼原町から始まった棚田サミットも注目される。真に長期的な国土保全・景観維持などを考えるならば、昨今の逆風にも負けずにこうした動きを拡充していきたいものであり、そうされてこそ、中山間地の再生をバックアップし、ひいては日本全体の食の安定も支えていくことであろう。

2 林業の窮状

林業については、林業基本法（一九六四年）が、二〇〇一年に改正され、森林・林業基本法となり、理念的に「林業振興」から「環境重視」に配慮されることとなっている。京都議定書を根拠として、ここでの中山間地従事者への補助金が認められているのである。しかも、そこでは、森林所有者のみならず施業者にも補助金の「直接支払い制度」が新設された。例えば、奈良県吉野地方では、山守《やまもり》と呼ばれる借地人（正確には、森林所有者が村内のものに、森林管理を委託して、皆伐時に二〜五％が報酬として支払われる〔さらに、間伐材について先買権もある〕という慣行による管理人）がいるが、こうした施業者もこの制度を利用できるのである。

しかし、一九八〇年代以降、外材輸入及びそれへの依存体質ゆえに採算が取れなくなっている。つまり、前記補助金制度は空洞化しており、環境保護のための国内林業存続政策とグローバライゼイションの自由貿易政策とが、深刻な齟齬をきたしているのである。ここで、貿易に関する規制緩和も問題にしなければ（同上法二六条では、関税率の調整もできる）、政策的に分断したちぐはぐの事態である。放置しておくと林業従事者は、生業を放棄せざるを得ないコミュニティ崩壊の状況であり（例えば、奈良県吉野郡川上村、黒滝村、高知県馬路村の魚梁瀬地区。同地区の営林署も二〇〇三年に閉鎖撤退した）、馬路村のゆず産業の向上などは例外的現象であろう。これは居住福祉法学の側からも深刻な事態なのである。

さらにいえば、こうした木材の過度の自由貿易は貿易相手方の森林を破壊する。例えば、フィリピン・ルソン島での森林荒廃による土砂崩れ災害は記憶に新しいところであろう。わが国がアジアの広域的な環境悪化を進めていることも察知しなければいけないわけである。また、ルーズな外材利用は、ホワイトウッドのように水害時に脆弱さを露呈し、さらに、シックハウス症候群を生み出すなどして、消費者問題とも繋がっている。こうした問題の広汎さゆえに、決してこの問題は、森林率の高い中山間地域だけのローカルな問題ではなく、全国民的な消費者問題、否、国際的な環境問題であることを改めて確認しなければいけないであろう。

吉野黒滝村の集材用ヘリポート
（放置される間伐材も多い）

川上村白屋地区遠景(大滝ダム建設のため地滑りが生じ、ゴーストタウンとなっている)

魚梁瀬営林署(今は閉鎖され、安芸市に統合された)

従って、こうした中で、国産材（間伐材）の需要を喚起しようとする貴重な取組み（例えば、工務店サイドでは、札幌ハウジングオペレーション「森を建てよう」、生産者側では、吉野川上さぷり（川上産吉野材販売促進協同組合）のそれ）には、注目して見守っていきたい。

3　離島の特殊性——公共工事依存体質の強さと合併問題の悲劇

（1）離島の合併問題

離島に関しては、離島振興法（一九五三年。島根県・隠岐、長崎県・対馬の開発を目的とするのが出発点である）、奄美大島振興開発特別措置法（一九五四年）、沖縄振興開発特別措置法（一九七一年）などでこれまで特別の配慮がなされてきたが、近年は減らされる傾向にある。しかもこれらの離島においては合併の動きに翻弄されている。

例えば、奄美群島の場合、当初は与論島までの六島合併案が出されたが、既に加計呂麻島（瀬戸内町）における昭和合併の際の過疎の経験もあり、結局奄美市となるのは名瀬市・住用村・笠利町にとどまる。しかし、瀬戸内町などは、既に自町に離島（加計呂麻《かけろま》島）を抱えて、現状でも充分に広大な面積を抱えており、人口だけに捉われたような非現実的な合併案が実現しなかったのはある意味で自然であろう。また思うに、安易な公共工事志向的な誘導策に乗らなかったのは、自治観念がしっかりしている町村長（例えば、川畑宏友前龍郷町長、元山三郎宇検村長。いずれも「小さな自治体フォーラム」にも参加していた）を擁していたことにもよるわけで、その意味で健全だったと考えられる。しかし、対馬などは、南北八〇キロもあり、片道行き来するにも二〜三時間もかかるのに、それほど議論もなくあっさり合併がなされてしまったのは、公共工事依存体質が関係しているように思われる。二〇〇四年三月の合併後、既に同島の人口が一、五〇〇人も減っているのは、事態の深刻さを示しているのではないだろうか。

（2）離島の補助金依存体質とその合併への影響

補助金依存体質は強く（例えば、隠岐島後《どうご》（隠岐の島町）の隠岐空港の例、対馬）、そのために今回の合併で中央政府からの合併の誘導に乗りやすい傾向があり、長期的には、憂慮すべき事態となっている。

どういうことかといえば、確かに離島の現状（例えば、過疎高齢化、漁業の低迷、内発的産業の不在）に鑑みるならば、所得の再配分システムとしての補助金財政は必要である。しかし、全国的な財政の趨勢は補助金を削減する傾向にあり、今後は地場産業の開発にも力を入れねば苦しい状況

奄美大島（現奄美市）名瀬の黒糖焼酎工場

にある。その意味で、隠岐島前《どうぜん》海士町（冷凍技術の開発）、奄美大島宇検村（黒糖焼酎）などは注目される。そのようなご時世に対応できるかどうかで優勝劣敗となる勢いがあるわけである。

　昨今の合併論とても本音は職員リストラによるコスト削減にある。しかしその悪影響は甚大で、下手に目先のえさでそれに乗ると居住福祉上、過疎化の更なる促進など、深刻なことになる。しかしここ数十年来の公共工事依存体質は（それは、例えば、名瀬市の生活保護率の高さなどにも表れている）、如何ともしがたく、目先の合併特例債の近視眼的雇用効果、公共工事的な儲けを志向しやすく、中長期的には、工事が進んでも、財政は苦しく、しかもますます住民の居住条件の低下ゆえに、人口流出が進むという悪循環が止まらないという悲喜劇的構造がある。対馬市などは、安易に合併に乗って箱物ばかり増えても（現に厳原では対馬市役所近くに大きなショッピングセンターが建設中である）、前述のように、静かにしかし着実にリストラは進み、内発的産業は後退している。こういうところでは、削減対象の官庁が最大の内的産業であるので、どんどん過疎は進んでいるのである。

そうした意味で、確かに離島民の惰性的で安易な補助金依存体質もよくないが、しかし、現在の離島状況を見ると、財政調整的な補助金の必要性は高まりこそすれなくならないと私は考える。さりとてそれに乗じて（？）、更なる大きな不利益を誘導する近年の合併の動きは、罪深いものと改めて痛感させられる。

隠岐空港(隠岐の島町)滑走路延長工事現場(2006年 7 月完成予定)

建設進む今屋敷地区市街地再開発事業(対馬市厳原)

七、居住差別問題（各論その六）

1　高齢者・女性の場合

高齢者ないし中年女性への賃貸市場の敷居は高いとされる。借家市場が階層化されているというわけであるが、その意味で借地借家法三八条に定期借家権が規定されてしまったことも悪影響が懸念される。なお、この点で、高齢者については二〇〇一年に高齢者の居住の安定確保に関する法律ができているが、保護される対象は「優良賃貸住宅」で部分的であり、楽観を許さない。

2 在日差別の問題

在日コミュニティに対する居住差別・強制立退きの問題は、戦時中の強制連行・労働の問題の一環でもあり、いわゆる戦後補償問題も絡むであろう(例えば、京都府ウトロの例)。法形式的には「不法占拠」ということになるが、占有の事実を考慮して取得時効を柔軟に運用すべきかどうかは、所有権限の再配分の問題として、大きな政策的課題である。ホームレス問題への対処とも繋がる問題でもあろう。ちなみに、このことが「第三世界」では大問題になっていることは、南米ペルーなどでは、経済政策として都市の不法占拠者(urban squatter)に対して大規模に所有権限を認めていることからもわかる。

また、在日への賃貸拒否も訴訟になっている(例えば、大阪地判平成五年六月一八日『判例時報』一四六八号一二二頁。二六万余円の損害賠償を肯定した)。なおこれに対応するものとして、アメリカでは大きな黒人居住差別問題があり、重要な憲法判例を形成している。

3 知的障害者・精神障害者の居住問題

（1）知的障害者の場合

ノーマライゼーションに関しては、とくに、伊達市の旭寮、浦河町の「べてるの家」のケースなど、北海道では先進的な取組みがなされているが、これはなお例外的であって、この分野の居住福祉法学の考察としては障害者への居住差別問題を批判的に考察すべきである。

問題は、純粋な住宅問題だけに限らず、むしろ生活万般に視野を及ぼして、例えば、知的障害者の場合、賃金や生活費の管理状況など（横領の有無）、就労における暴力の行使などの人権侵害の有無、その他、消費・余暇などにおけるノーマライゼーションなどがチェックポイントとなろう。現実には、相当な悪質事例も報ぜられており、訴訟にもなっているので（大津地判平成一五年三月二四日『判例時報』一八三一号三頁。サン・グループ事件。国家賠償が肯定された）、終始警戒の目で分析し、知的障害者に対する人権感覚が定着するような啓蒙活動が、より抜本的にはもっと必要とされるところである。

ところで、近年のノーマライゼーションないし脱施設の潮流（一九八一年は国際障害者年であり、一九八三年〜一九九二年は、国連・障害者の一〇年でもあった）を受けて、二〇〇四年度から厚生労働省は、身体・知的障害者の入所施設の新設・増改築には補助せず、「障害者の地域生活」を促進する施策を打ち出している。しかし、なかなか施設主義の流れは現実には止まらない。ここには、障害者の地域生活の可能とする居住環境の整備、そしてそれを支援する非営利団体などへの公的支援が不可分のものとして必要であることを忘れてはならないであろう。

(2) 精神障害者の場合

他方、精神障害者への居場所もなかなかないのが集団主義の色彩が強い日本社会の特色である。このストレス社会において、誰しも精神障害者になる素地があるとの認識の下に、障害者となった人(その予備軍としての登校拒否児童の問題はもはや日常茶飯事である)を受容(social inclusion)する居住環境の創出、差別的人権感覚の転換が基本課題であろう。「べてるの家」に行き、そこで暮らす障害者の方と交流の機会を持つと、如何に彼(彼女)らが知的に優れ「とても普通の人たち」であること(むしろ凡庸な者以上に繊細なのである)、そして現代社会が如何に住みにくいかということがわかる。まさに「社会の病理」の犠牲者ともいえるわけである。

また、精神障害者福祉におけるノーマライゼーションは障害者の処遇の中でも最も遅れているともいえて、一九〇〇年の精神病者監護法の私宅監置はさすがに薄れたものの、一九八七年精神保健法で社会復帰的理念が出され、一九九五年精神保健・精神障害者福祉法では「自立と社会参加」を目指す福祉の視点が初めて入れられたにもかかわらず、一九五〇年精神衛生法以来の施設収容主義的な発想は今日でも根強いといえる。

そして、民法的に問題となる事例は、その自殺・他害のケースなのであり、その際の施設の管理責任なのである（例えば、近時のものとして、最判平成八年九月三日『判例時報』一五九四号三二頁、また、親族の民法七一四条の監督義務者の責任を肯定したものとして、仙台地判平成一〇年一一月三〇日『判例時報』一六七四号一〇六頁が出ている）。そこから生ずる方向性は、社会防衛的配慮からM・フーコー的な意味での障害者の監視・管理・取締りの強化ということになりかねない。先の本来的な解決の方向性とのディレンマに直面して、改めて法的アプローチ（不法行為法のアプローチといった方がよいかも知れない）の一面性に気づかされ、しかしその紛争の不可避性にわれわれは当惑させられるのである。この問題の解決は難しいが、障害者処遇の理念の変容に鑑みると、もはや被害者保護の問題と精神障害者の処遇と切り離して、不法行為とは別個の被害者補償制度を考案すべき時期に来ているというべきではなかろうか。

和歌山「麦の郷」の福祉工場

北海道浦河町の「べてるの家」

もっと知りたい方のために

文献の引用はできるだけ行わないという編集方針から、これまで書きためた拙稿のエッセンスを述べたところも多い。しかし、既存の先学の多くの研究に負っていることは、いうまでもない。そこで、より詳しく知り、お考えになりたい際には、以下で掲げる諸文献を参照されたい。また、これまで公表していない中山間地の居住福祉の部分は、若干叙述が詳しくなっているかもしれない。さらに、外国文献は紙幅の関係上ごく一部に限らざるを得なかったので、ここに掲げた拙文の参看をお願いしたい。これら繁簡よろしきを得ない点も含めてあらかじめ読者のご寛恕を請う次第である。

一、〔居住福祉法学総論〕について

早川和男『居住福祉』（岩波新書）（岩波書店、一九九七）。また、吉田邦彦「居住法学問題の俯瞰図（1）〜（3・完）――住宅所有権・賃借権規制を巡る観点からの再編」『民事研修』五四九〜五五一号（二〇〇三）（同『多文化時代と所有・居住福祉・補償問題』有斐閣、二〇〇六、第1章に所収）など。

4のアメリカの事情に関しては、吉田邦彦「アメリカの居住事情と法介入のあり方（3・完）」『民商法雑誌』一二九巻三号（二〇〇三）三〇一頁以下（同・同上書第2章に所収）、同「サンフランシスコ市貧困地区テンダロインのホームレス問題・居住問題（4・完）」『書斎の窓』五四七号（二〇〇五）一七頁以下（同・同上書第3章に所収）、また、日本の労働者協同組合の取組みに即した議論として、「日本居住福祉学会『労協に学ぶ』研究集会――『居住福祉』と『協同労働』の出会い」『協同の発見』一六三号（二〇〇六）二九頁以下（吉田邦彦コメント）など参照。

さらにアメリカの関連の基礎文献としては、John Rawls, *A Theory of Justice* (revised ed.) (Harvard U.P., 1999) (1st ed., 1971) 52〜（ロールズの正義原理、とくに第二原理〔格差原理〕について）; Gerald Frug, *City Making: Building Communities without Building Walls* (Princeton U.P., 1999) 167〜（都市サービスの公共性〔商品化・民営化の限界〕について）; William Simon, *The Community Economic Development Movement: Law, Business, & the New Social Policy* (Duke U.P., 2001) 143〜（コミュニティ再生団体の所有法学上の意義について）を掲げておきたい。

二、〔借地借家問題〕について

日本の借地生成の経緯に関しては、瀬川信久『日本の借地』（有斐閣、一九九五）一九九頁以下。

2のアメリカのレント・コントロール、家賃支援、公共住宅などの議論については、吉田邦彦「アメリカの居住事情と法介入のあり方（2）（3・完）」『民商法雑誌』一二九巻二号、三号（二〇〇三）（同『多文化時代と所有・居住福祉・補償問題』（有斐閣、二〇〇六）第2章に所収）参照。

三、〔マンション管理問題〕について

尾崎一郎「都市の公共性と法(4・完)――マンションにおける生活と管理」『法学協会雑誌』一一三巻一二号(一九九六)。

同潤会江戸川アパート建替えの実践例については、太田知行ほか『マンション建替えの法と実務』(有斐閣、二〇〇五)、太田知行＝吉田邦彦ほか「(シンポジウム)老朽化マンション建替えの法と実践」『北大法学論集』五七巻一号(二〇〇六)。

被災マンションの建替えについては、吉田邦彦「居住法学問題の俯瞰図(2)」『民事研修』五五〇号(二〇〇三)(同『多文化時代と所有・居住福祉・補償問題』有斐閣、二〇〇六、第1章に所収)参照。

四、〔ホームレス問題〕について

大阪のホームレスの実態については、数年前のデータになるが、大阪市大都市環境問題研究会(代表森田洋司)『野宿生活者(ホームレス)に関する総合的調査研究報告書』(二〇〇一)が有益である。また、札幌のホームレスの状況に関しては、椎名恒「札幌のホームレス問題と背景」早川和男＝吉田邦彦＝岡本祥浩編『ホームレス・強制退去の居住問題』(居住福祉研究叢書第二巻)(信山社、二〇〇六)第4章参照。

さらに、サンフランシスコのホームレス問題の実情やアメリカでのホームレスに関する学術的・理論的

議論動向については、吉田邦彦「サンフランシスコ市貧困地区テンダロインのホームレス問題・居住問題（1）〜（4・完）」『書斎の窓』五四四号〜五四七号（二〇〇五）参照（同『多文化時代と所有・居住福祉・補償問題』有斐閣、二〇〇六、第3章に所収）参照。

なお、ロスアンジェルスにおけるホームレス対策の社会学的考察として本文に引いたのは、Mike Davis, *City of Quartz: Excavating the Future in Los Angeles* (Vintage Books, 1992 [1990]) 232-236. 訳書は、村山敏勝他『要塞都市LA』（青土社、二〇〇一）である。ベンチの写真なども含めて参照されたい。

五、〔災害復興問題〕について

吉田邦彦「新潟中越地震の居住福祉法学的（民法学的）諸問題――山古志で災害復興を考える」『法律時報』七七巻二号（二〇〇五）（同『多文化時代と所有・居住福祉・補償問題』有斐閣、二〇〇六、第4章に所収）参照。

また、二〇〇四年一一月新潟県山古志村災害対策本部に滞在中に発表した「日本居住福祉学会・新潟中越地震及び災害復興に関する要望書」は、『建築ジャーナル』一〇七九号（二〇〇五）六〜九頁に掲載されている（『居住福祉研究』3号、二〇〇五、七〜一〇頁に再録された）。

六、〔中山間地の居住福祉〕について

(一)〔中山間地の意義と平成市町村合併の功罪〕について

(一) 2〔平成市町村合併〕関連

従来の日本の政治における「地元の面倒」については、京極純一『日本の政治』(東京大学出版会、一九八三) 四〇―四一頁、二五一頁。

西尾私案については、例えば、西尾勝＝大和田健太郎「分権改革と自治体再編――西尾私案の真意を語る」『自治研』五二一号(二〇〇三)、西尾勝「小規模自治体の存続に不可欠な制度設計」澤佳弘ほか編著『自治体あすへの胎動』(ぎょうせい、二〇〇四)参照。なおかつて、同教授が、自主的合併論で、合併強制には消極的であったことは、西尾勝『未完の分権改革――霞が関官僚と格闘した一三〇〇日』(岩波書店、一九九九) 一九―二二頁など参照。

また、平成大合併の批判的考察に関する文献は数多いが、さしあたり、池上洋通『市町村合併これだけの疑問――このままで地方自治は守れるのか』(自治体研究社、二〇〇一)、川瀬憲子『市町村合併と自治体の財政――住民自治の視点から』(自治体研究社、二〇〇一)、加茂利男『(増補版) 地方自治・未来への選択――平成市町村合併と「地方構造改革」』(自治体研究社、二〇〇二)、重森暁・関西地域問題研究会編『検証・市町村合併――合併で地域の明日は見えるか』(自治体研究社、二〇〇二)、自治・分権ジャ

ーナリストの会編『この国のかたちが変わる――平成の市町村大合併』（日本評論社、二〇〇二）、保母武彦『市町村合併と地域のゆくえ』（岩波書店、二〇〇二）、同監修・日本自治労連政策運動局編『小さくても元気な自治体――強制合併を超える「もう一つの道」』（自治体研究社、二〇〇二）、小原隆治編著『これでいいのか平成の大合併――理念なき再編を問う』（コモンズ、二〇〇三）、自治体問題研究所編『ここに自治の灯をともして（小さくても輝く自治体フォーラム報告集）』（自治体研究社、二〇〇三）（長野県栄村でのフォーラム報告書）など参照。

なお、アメリカの合併、広域行政（広域政府）及び補完性原理の議論に関しては、Gerald Frug, *Beyond Regional Government*, 115 Harv. L. Rev. 1763, 1788〜(2002)；do., *Is Secession From the City of L.A. a Good Idea?*, 49 U.C.L.A.L.Rev.1(2002)を薦めたい。またこれとは独立に、地方自治と補完性原理との関係を説くものとして、遠藤乾「日本における補完性原理の可能性――重層的なガバナンスの概念化をめぐって」山口二郎他編『グローバル化時代の地方ガバナンス』（岩波書店、二〇〇三）二五一頁以下も注目される。

（一）3〔中山間地再生の公共的意義など〕関連

高齢者の転居が、居住福祉学上好ましくないことについては、早川和男・前掲『居住福祉』（一九九七）一〇九〜一二六頁。さらに、同『老いの住まい学』（岩波ブックレット）（岩波書店、一九九三）二頁以下参照。

シャッター通りとなった中心市街地の活性化について、巣鴨事例については、早川和男『居住福祉資源発見の旅：新しい福祉空間、懐かしい癒しの場』（居住福祉ブックレット1）（東信堂、二〇〇六）四頁以下、また、竹内宏『とげぬき地蔵経済学――購買意欲を刺激するシニアの心の摑み方』（メディアファクトリー、二〇〇一）、さらに、米子の田園プロジェクトについては、「田園プロジェクト」広報市民応援団『（ビデオ）鳥取県米子市発・田園プロジェクト――福祉×商業で中心市街地の再生を』（ギャラック・レイ／地域未来、二〇〇五）を薦めたい。

（一）4〔中山間地の再生の取組み〕関連

これについては、本文の記述の順で、本文では、紙幅の関係で現場から学んだエッセンスしか書けなかったので、その補充の意味でややバランスを失するかもしれないが、関連文献は、なるべく詳細に記しておきたい。居住福祉法学においては、現場主義からの帰納をモットーとしており、「現場の担い手の声」こそが重要であるとの反省から来ているからである。読者も、労を厭わずに、当たって見られたい。すなわち、――

（1）〔合併拒否の自治体の取組み〕関連

福島県矢祭町につき、根本良一＝石井一男編著『合併しない宣言の町・矢祭』（自治体研究社、二〇〇二）、根本良一＝保母武彦編著『「内省不疚」の心でまちをつくる――福島・矢祭――「合併しない宣言の町」の自立推進計画』（自治体研究社、二〇〇三）がある。

（2）〔「福祉のまちづくり」例〕関連

岩手県沢内村（現西和賀町）の住宅改善について、太田祖電ほか『沢内村奮戦記』（あけび書房、一九八三）一四五頁以下、及川和男『「あきらめ」を「希望」に変えた男――沢内村長深沢晟雄《まさお》の生涯』（日経ビジネス文庫）（日本経済新聞社、二〇〇一）二二八頁以下。

長瀬野地区の集落再編については、斎藤吉雄編著『コミュニティ再編成の研究――村落移転の実証分析』（御茶の水書店、一九七九）（新装版一九九〇）七九頁以下、一五八頁以下、長瀬野新集落「和衷会」『しんしゅうらく――共につくり共に生きる（長瀬野新集落移転三〇周年記念誌）』（モノグラム社、二〇〇一）参照。

長野県泰阜村の在宅医療の取組みについては、松島貞治＝加茂利男『「安心の村」は自律の村――平成の大合併と小規模町村の未来（新版）』（自治体研究社、二〇〇四）（初版二〇〇三）二三頁以下、網野晧之『みんな、家で死にたいんだに――福祉村・泰阜の一二年』（日本評論社、一九九六）七二頁以下

長野県南佐久地方のメディコ・ポリス構想については、川上武＝小坂冨美子『農村医学からメディコ・ポリス構想へ――若月俊一の精神史』（勁草書房、一九八八）、同『戦後医療史序説――都市計画とメディ

コ・ポリス構想』(勁草書房、一九九二)、さらに、若月俊一＝清水茂文編『医師のみた農村の変貌』(勁草書房、一九九二)、平野隆之「佐久総合病院における地域医療と地域づくりの展望」宮本憲一ほか編『地域経営と内発的発展』(農文協、一九九八)一八一頁以下、牧野忠康「中山間地域における福祉社会開発の哲学と実践——長野県南佐久地域における「健康地域作り」の現在・過去・未来」日本福祉大学COE推進委員会編・福祉社会開発学の構築(ミネルヴァ書房、二〇〇五)一〇九頁以下も参照。

鳥取県智頭町の「ひまわりシステム」については、寺谷篤「智頭町ひまわりシステム——『郵福システム』の創造」日本・地域と科学の出会い館編『ひまわりシステムのまちづくり』(はる書房、一九九七)三二頁以下、杉万俊夫「自治：過疎地域における住民自治システムの創造」同編著『コミュニティのグループダイナミックス』(京都大学学術出版会、二〇〇六)八七頁以下参照。

また、北海道奈井江町の開放型医療については、方波見康雄『生老病死を考える——地域ケアの新しい試み』(岩波新書)(岩波書店、二〇〇六)六一頁以下参照。

(3)〔「内発的発展型・観光型まちづくり」例〕関連

大分県湯布院(現由布市)のまちづくりについては、湯布院町誌編集委員会『町誌湯布院』(新日本法規、一九八九)七三九頁以下、今村都南雄ほか「大分県由布院町の《まちづくり、その後》」『自治総研』三三〇号(二〇〇六)一頁以下、とくに九頁以下(合併の経緯について詳しい)。さらに、地域リーダーの手になるものとして、中谷健太郎『湯布院幻燈譜』（海鳥社、一九九五）一八〇頁、二二二―二二四頁、同『湯布院発、にっぽん村へ』（ふきのとう書房、二〇〇一）二二頁（「モノツクル場所」と「モノツカウ場所」の総合的考察を説き、まちづくりにおける農村の環境の魅力・意義を強調する）、溝口薫平「湯布院の光と影」『仙台経済同友会報』二八五号（二〇〇五）、さらに、木谷文弘『由布院の小さな奇蹟』（新潮新書）（新潮社、二〇〇四）も参照。

他方で、長野県栄村での取組みについては、高橋彦秀＝岡田知弘『自立をめざす村――一人一人が輝く暮らしへの提案』（自治体研究社、二〇〇二）八三頁以下（地域産業再構築における村・第3セクターの重要な役割を指摘する）、高橋彦秀『田舎村長人生記――栄村の四季とともに』（本の泉社、二〇〇三）一四〇頁以下参照。

また、小布施町については、さしあたり、新堀邦司『栗と花と文化の町・小布施物語』（里文出版、二〇〇三）がある。

さらに、岩手県藤沢町の自治の歴史、障害者問題への取組みにつき、大久保圭二『希望のケルン』（ぎょうせい、一九九八）一二七頁以下。

（4）〔「農業再生型まちづくり」例〕関連

宮崎県綾町の照葉樹林都市、また有機農法による再生については、郷田実『結いの心――綾の町づくりはなぜ成功したか』(ビジネス社、一九九八)が必読であり、また、綾町教育委員会編『綾街道』(一九九七)も参照。

北海道ニセコ町の情報公開の動き(その分野でも先進的である)については、片山健也『情報共有と自治体改革――ニセコ町からの報告』(公人の友社、二〇〇一)、木佐茂男＝逢坂誠二編『わたしたちのまちの憲法――ニセコ町の挑戦』(日本経済評論社、二〇〇三)。なお逢坂元町長は、当初は、合併についても折衷的であったが(『逢坂誠二の決断』(共同文化社、二〇〇三)六七―六九頁では、合併しても、元の町村を地域振興局とすればよいなどとしていた)、中央政府による半強制的な合併誘導に自治の危機を感じたようである(二〇〇五年一〇月を目処とするニセコ町近隣の市町村合併はなされなかった)(逢坂誠二『町長日記――逢坂誠二の眼』(柏艪舎、二〇〇四)七〇頁以下、二五四頁以下参照)。

(5)〔「景観型再生」例〕関連

奈良県奈良町での取組みについては、奈良まちづくりセンター『まちづくりのめざすもの：奈良まちづくりセンターの挑戦』(同センター、二〇〇四)、同『響きあうまちへ』(同センター、二〇〇五)、黒田睦子『奈良町《ならまち》の暮らしと福祉――市民主体のまちづくり』(居住福祉ブックレット9)(東信堂、二〇〇六)。

なお、国立マンションの例については、既に民法学では多くの議論がある(判例研究を中心とする)。ここでは、一連の動きについて知る上で有益である、長谷川貴陽史『都市コミュニティと法――建築協定・

地区計画による公共空間の形成』（東京大学出版会、二〇〇五）二六五頁以下を挙げておきたい。

（6）〔「災害復興再生」例〕関連

北海道奥尻島については、奥尻町『北海道南西沖地震奥尻町報告書』（奥尻町役場、一九九六）、木村清《きよ》紹《つぐ》『わが奥尻島――悲しみを超えて、夢を追う』（祥伝社、一九九三）などがあり、被災住民の心理学的調査を行ったものとして、若林佳史『災害の心理学とその周辺――北海道南西沖地震の被災地へのコミュニティ・アプローチ』（多賀出版、二〇〇三）一〇七頁以下、一九五頁以下も参照。

また、鳥取県三朝町については、三朝町企画観光課『ふるさと回想録「みささ」ぬくもりの源泉へ――三朝町五〇年の歩み』（ぎょうせい、二〇〇四）一一四頁以下、また、三朝町温泉誌編集委員会『三朝温泉誌』（鳥取県三朝町、一九八三）一五八頁以下（ラジウム温泉療養の効果）、二五四頁以下（温泉研究機関）も参照。

（二）〔中山間地の財再配分〕について

（二）1〔中山間地（農地・棚田）〕関連

中山間地を巡る直接支払い制度については、山下一仁『制度の設計者が語る中山間地域等直接支払制度の解説』（大成出版社、二〇〇一）。

さらにそれを支える農の再評価については、木村尚三郎＝中村靖彦『農の理想・農の現実――新しい農の形』（ダイアモンド社、二〇〇二）、大野和興『日本の農業を考える』（岩波書店、二〇〇四）など参照。また、棚田オーナー制については、中島峰広『日本の棚田――保全への取組み』（古今書院、一九九九）一八三頁以下参照。

（二）2〔林業問題〕関連

奈良県吉野地方山守制度については、川上村史編集委員会『川上村史 通史編』（ぎょうせい、一九八九）四六五頁、四八三―四八四頁（泉英二ほか執筆）（山林所有権の流出に対して、村落共同体の住民生活を守るための商品経済チェック機能を指摘する）、五二一―五二二頁（半田良一執筆）（近年の変化）、井戸田祐子「奈良県川上村における森林管理の現状と山守制度の課題――山林所有者へのアンケート調査を中心に」『森林計画誌』三八巻二号（二〇〇四）。

高知県馬路村の国有林の変化については、川田勲「外材支配体制下における国産材産地市場の再編過程に関する研究」『高知大学農学部紀要』三八号（一九八一）、同「馬路村――国有林経営の変貌とユズ加工品の拡大」高知県緑の環境会議山村研究会・鈴木文熹ほか著『「国際化」時代の山村・農林業問題――再建への模索・高知県からの報告』（高知市文化振興事業団刊、一九九五）一九五頁以下。また、同村のユズ産業の興隆については、大蔵昌彦『「ごっくん馬路村」の村おこし――ちっちゃな村のおっきな感動物

語』（日本経済新聞社、一九九八）も参照。

（二）3〔離島問題〕関連

離島振興法の経緯・課題については、鈴木勇次「日本の離島をめぐる諸問題」（科研費報告書）早川和男代表『離島の居住福祉の成立条件に関する研究』（二〇〇三）五頁以下、とくに一五頁以下参照。

奄美市の合併の経緯については、久岡学「迷走する合併論議――『あめとむち』に翻弄されて」久岡ほか『田舎の町村（まちむら）を消せ！――市町村合併に抗うムラの論理』（南方新社、二〇〇二）一一頁以下、同「復帰五〇周年を終えた奄美」『奄美学』（南方新社、二〇〇五）、同「奄美市誕生の軌跡――『平成の大合併』の舞台裏」『奄美戦後史』（南方新社、二〇〇五）参照。

なお、対馬市長（前美津島町長）の松村良幸氏の公共工事依存的志向については、山田真『宝島の発想――時代は辺境から変わる』（プレジデント社、一九九七）を見てもわかる。

七、〔居住差別問題〕について

1、2〔高齢者・女性・外国人の居住差別問題〕関連

吉田邦彦「居住福祉問題の俯瞰図（3・完）」『民事研修』五五一号（同『多文化時代と所有・居住福祉・補償問題』有斐閣、二〇〇六、第1章に所収）、同「いわゆる『補償』問題へのアプローチに関する一考

察」『法律時報』七六巻一号、二号（二〇〇四）（同上書第6章に所収）参照。

なお、女性の住宅問題に関して、田端光美「女性の自立と居住保障」社会保障研究所編『女性と社会保障』（東京大学出版会、一九九三）所収参照。

3〔障害者の居住問題〕関連

旭寮、べてるの家の取組みについては、太陽の園・旭寮編『施設を出て町に暮らす——知的障害をもつ人たちの地域生活援助の実際』（ぶどう社、一九九三）、斉藤道雄『悩む力——べてるの家の人びと』（みすず書房、二〇〇二）、四宮鉄男『とても普通の人たち——北海道浦河べてるの家から』（北海道新聞社、二〇〇二）など参照。

知的障害者の虐待事例については、毎日新聞社会部取材班『福祉を食う——虐待される障害者たち』（毎日新聞社、一九九八）、高谷清『透明な鎖——障害者虐待はなぜ起こったか』（大月書店、一九九九）、副島洋明『知的障害者奪われた人権——虐待・差別の事件と弁護』（明石書店、二〇〇〇）など参照。

また、障害者福祉の変遷を概観できるコンパクトなものとして、佐藤久夫＝小澤温『障害者福祉の世界（3版）』（有斐閣、二〇〇六）を薦めたい。

*本書刊行に際して、一方ならぬお世話になった東信堂社長下田勝司さんと丁寧に原稿を読んで貴重なアドバイスをして下さった二宮義隆さんに感謝申し上げる。なお、本文に挿入した写真の提供はすべて筆者による。

「居住福祉ブックレット」刊行予定

☆既刊、以下続刊（刊行順不同、書名は仮題を含む）

☆１居住福祉資源発見の旅　早川　和男（長崎総合科学大学教授）

☆２どこへ行く住宅政策　本間　義人（法政大学教授）

☆３漢字の語源にみる居住福祉の思想　李　　恒（長崎総合科学大学助教授）

☆４日本の居住政策と障害をもつ人　大本　圭野（東京経済大学教授）

☆５障害者・高齢者と麦の郷のこころ　伊藤静美・田中秀樹他（麦の郷）

☆６地場工務店とともに　山本　里見（全国健康住宅サミット会長）

☆７子どもの道くさ　水月　昭道（立命館大学研究員）

☆８居住福祉法学の構想　吉田　邦彦（北海道大学教授）

☆９奈良《なら》町《まち》の暮らしと福祉　黒田睦子（㈳奈良まちづくりセンター副理事長）

10近隣力再建：住まい方の変化と子どもへの影響　中澤正夫（精神科医）

11住むことは生きること－住宅再建支援に取り組む　片山　善博（鳥取県知事）

12地域から発信する居住福祉　野口　定久（日本福祉大学教授）

13ウトロで居住の権利を闘う　斎藤　正樹＋ウトロ住民

14居住の権利－世界人権規約の視点から　熊野　勝之（弁護士）

15シックハウスへの挑戦－企業の取り組み　後藤三郎・迎田允武（健康住宅研究会）

16スウエーデンのシックハウス対策　早川　潤一（中部学院大学助教授）

17ホームレスから日本を見れば　ありむら潜（釜ヶ崎のまち再生フォーラム）

18私が目指した鷹巣町の居住福祉　岩川　　徹（前秋田県鷹巣町長）

19沢内村の福祉活動－これまでとこれから　高橋　典成（ワークステーション湯田・沢内）

20農山漁村の居住福祉資源　上村　　一（社会教育家・建築家）

21中山間地域と高齢者の住まい　金山　隆一（地域計画総合研究所長）

22居住福祉とジャーナリズム　神野　武美（朝日新聞記者）

23包括医療の時代－役割と実践例　坂本　敦司（自治医科大学教授）他

24健康と住居　入江　建久（新潟医療福祉大教授）

25世界の借家人運動　高島　一夫（日本借地借家人連合）

26居住福祉学への誘い　日本居住福祉学会編

（以下続刊）

著者紹介

吉田　邦彦（よしだ　くにひこ）

1958年、岐阜県に生まれる。
1981年、東京大学法学部（第1類〔私法コース〕）卒業。
その後、東京大学法学部助手、法政大学法学部助教授、北海道大学法学部助教授・教授を経て、現在、北海道大学大学院法学研究科教授。専門は、民法。法学博士（東京大学）。日本居住福祉学会副会長。

主な著書

『債権侵害論再考』（有斐閣、1991年）、『民法解釈と揺れ動く所有論』（民法理論研究第1巻）（有斐閣、2000年）、『契約法・医事法の関係的展開』（民法理論研究第2巻）（有斐閣、2003年）、『多文化時代と所有・居住福祉・補償問題』（民法理論研究第3巻）（有斐閣、2006年）。

（居住福祉ブックレット 8）

居住福祉法学の構想

2006年6月30日　初 版 第1刷発行　（検印省略）

＊定価は裏表紙に表示してあります

著者©吉田邦彦　装幀 桂川潤　発行者 下田勝司　印刷・製本 ㈱カジャーレ

東京都文京区向丘1-20-6　郵便振替00110-6-37828
〒113-0023　TEL（03）3818-5521㈹　FAX（03）3818-5514　発行所 株式会社 東信堂
E-mail：tk203444@fsinet.or.jp
Published by **TOSHINDO PUBLISHING CO., LTD.**
1-20-6, Mukougaoka, Bunkyo-ku, Tokyo, 113-0023, Japan

http://www.toshindo-pub.com/
ISBN4-88713-692-7 C3336 ©K. YOSHIDA

「居住福祉ブックレット」刊行に際して

安全で安心できる居住は、人間生存の基盤であり、健康や福祉や社会の基礎であり、基本的人権であるという趣旨の「居住福祉」に関わる様々のテーマと視点――理論、思想、実践、ノウハウ、その他から、レベルは高度に保ちながら、多面的、具体的にやさしく述べ、研究者、市民、学生、行政官、実務家等に供するものです。高校生や市民の学習活動にも使われることを期待しています。単なる専門知識の開陳や研究成果の発表や実践報告、紹介等でなく、それらを前提にしながら、上記趣旨に関して、今一番社会に向かって言わねばならないことを本ブックレットに凝集していく予定です。

2006年3月

日本居住福祉学会
株式会社　東信堂

編集委員

委員長	早川　和男	（長崎総合科学大学教授、居住福祉学）
委　員	阿部　浩己	（神奈川大学教授、国際人権法）
	井上　英夫	（金沢大学教授、社会保障法）
	石川　愛一郎	（地域福祉研究者）
	入江　建久	（新潟医療福祉大学教授、建築衛生）
	大本　圭野	（東京経済大学教授、社会保障）
	岡本　祥浩	（中京大学教授、居住福祉政策）
	金持　伸子	（日本福祉大学名誉教授、生活構造論）
	坂本　敦司	（自治医科大学教授、法医学・地域医療政策）
	武川　正吾	（東京大学教授、社会政策）
	中澤　正夫	（精神科医、精神医学）
	野口　定久	（日本福祉大学教授、地域福祉）
	本間　義人	（法政大学教授、住宅・都市政策）
	吉田　邦彦	（北海道大学教授、民法）

日本居住福祉学会のご案内

〔趣　　旨〕

人はすべてこの地球上で生きています。安心できる「居住」は生存・生活・福祉の基礎であり、基本的人権です。私たちの住む住居、居住地、地域、都市、農山漁村、国土などの居住環境そのものが、人々の安全で安心して生き、暮らす基盤に他なりません。

本学会は、「健康・福祉・文化環境」として子孫に受け継がれていく「居住福祉社会」の実現に必要な諸条件を、研究者、専門家、市民、行政等がともに調査研究し、これに資することを目的とします。

〔活動方針〕

(1)居住の現実から「住むこと」の意義を調査研究します。

(2)社会における様々な居住をめぐる問題の実態や「居住の権利」「居住福祉」実現に努力する地域を現地に訪ね、住民との交流を通じて、人権、生活、福祉、健康、発達、文化、社会環境等としての居住の条件とそれを可能にする居住福祉政策、まちづくりの実践等について調査研究します。

(3)国際的な居住福祉に関わる制度、政策、国民的取り組み等を調査研究し、連携します。

(4)居住福祉にかかわる諸課題の解決に向け、調査研究の成果を行政改革や政策形成に反映させるように努めます。

学会事務局

〒466－8666　名古屋市昭和区八事本町101－2
中京大学　総合政策学部
岡本研究室気付
TEL　052－835－7652
FAX　052－835－7197
E-mail：yokamoto@mecl.chukyo-u.ac.jp